Béatrice Traxler
**schräg-schrill
putzig-böse**

IL-Verlag 2018
Copyright © 2018: IL-Verlag
Copyright © 2018: Béatrice Traxler
Fotos: Peter Traxler; Illustrationen: Béatrice Traxler
Coverbild: Art Paul
Gestaltung: IL-Verlag
ISBN: 978-3-906240-71-8

BÉATRICE TRAXLER

schräg – schrill
putzig – böse

BEMERKLICHES	**7**
Als die Kirschen faulten	8
Réduit im Gotthard-Tunnel!	9
Forelle blau und Leistungslohn	10
UNTERSCHIEDLICHE GEMEINSAMKEITEN	**12**
Zwischen EU, resp. einzelnen EU-Ländern und der Schweiz	12
Wenn unsere Kühe fremdgehen	20
Florian liebt Grün	21
No „Röschtigraben", please!	24
Wölfe – fresst doch bitte Gras!	25
TAUSCHE FREIHEIT GEGEN FÜRSORGE	**28**
Wer hat uns das wohl eingebrockt?	28
Besser leben, besser sterben ...	34
Polizei bittet: Bei Verdacht – RUF AN!	36
Süchtig ob der Suche nach dem Sinn	38
Schweizer – so was von ehrlich!	39
MEINE SCHWESTER, ICH UND MEINE GROSSELTERN	**40**
Unglaublich: Die Grosseltern konnten mit einem Jahr schon laufen und mit 13 Monaten sprechen.	40
Jonas Tagebuch	40
Wenn Anstand mächtig schockiert	51
LOCH, LÖCHRIGER, AM LÖCHRIGSTEN	**52**
Die Knopflochtheorie	52
Wie es euch gefällt!	58
EIER UND SPERMIEN IM KÜHLFACH	**59**
Aus uns könnte was werden	59
Es gibt Luft – nach oben!	72
Köstliches Insekten-Tartar?	73
DAS KREUZ MIT DEM KREUZ	**76**
Kirchenglocken kümmert es wenig	76
Ausser Rand und Band	81
Haben oder Sein – Sein oder Haben?	82

KRIEGSRHETORIK ODER MEHR?	**86**
Mächtige dieser Welt kreuzen die Zungen – die Drähte laufen heiss.	86
Tarnanzüge schiessen nicht!	93
Die Welt ist weder schwarz ...	95
SWISS ROBOTIK ENGINEERING	**96**
& CONSULTING AG	**96**
Spannung liegt in der Luft (Teil I)	96
Wo kämen wir hin ohne zu lügen?	102
SWISS ROBOTIK ENGINEERING	**103**
& CONSULTING AG	**103**
Spannung liegt in der Luft (Teil II)	103
Stolpersteine im Advent	112
Es „schwallt" der Rede Fluss	114
NEVER SAY NEVER AGAIN	**115**
An Grundsätzen festzuhalten ist leicht, solange sie nicht auf die Probe gestellt werden.	115
Offraoder - oder neues Kleid ?	119
Ist das Zebra an allem schuld?	120
Wahre Liebe geht über ...	122
NICHTS GEGEN KÜHE	**123**
Wie der Mensch auf die Kuh kam – Eine Feldforschung	123
EPILOG	**129**
Das Nachspiel	129
Dynamik aus dem Betonmischer	131
Vertrieben aus dem Paradies?	132
NIEMAND WIRD ALS GROSSMUTTER	**134**
GEBOREN	**134**
Auch nicht als Grossvater	134
Was macht Frau denn falsch?	140
Wow: drei Dinge auf einmal!	141
Es rattert und dröhnt im Kopf	142
UNESCO für eine bessere Welt	144
DANKESCHÖNER	**146**
ÜBER DIE AUTORIN	**147**

BEMERKLICHES

Ich sehe, ich höre, ich lese, ich erlebe und ich denke nach über den schwächelnden Menschen. Als Ergebnis flattern viele kleine, unfertige Alltags-Schnipsel herum, die sich kunterbunt vermischen lassen. Zu sweet and sour, zu schräg und schrill, zu putzig und böse.

Und schon ist das reichhaltige Menu angerichtet und wird serviert:

- In 31 Kolumnen, die mal im Allschwiler Wochenblatt abgedruckt waren, teils als Originaltext, teils überarbeitet. Eines haben sie gemeinsam: die Länge, die mit 1700 Anschlägen vorgegeben ist. Bemerkungen wurden später hinzugefügt.
- In dreizehn Geschichten in stilistisch unterschiedlichen Gefässen. Einzelne Schnipsel aus den Kolumnen werden wiederaufgenommen und eine Heerschar neuer gesellt sich neugierig dazu.

Ja, die Schnipseljagd entpuppte sich als reiche Beute, die wir hier den satirischen Maden zum Frass vorwerfen.

Eine letzte Bemerkung gilt der Politik, die unbedingt auch ins Buch wollte. Wie lange die Aktualität dieser Geschichten anhält, schwer zu sagen. Was sich wie schnell verändern wird, entzieht sich unserem Bewusstsein. Auf alle Fälle werden wir die Herren Trump, Kim Jong-un und wie sie alle heissen nicht so schnell los. Auch unsere Altersvorsorge dürfte uns noch lange beschäftigen. So viel jedoch ist gewiss: Schnipsel werden nie aussterben.

Schönenbuch, im Februar 2018

PS: Personen des öffentlichen Lebens werden Aussagen in den Mund gelegt, die sie so, mit Ausnahmen, nie gesagt haben. Vielleicht aber angedacht.

Als die Kirschen faulten

Wie jedes Jahr, so auch diesen Sommer, faulten die Kirschen. Natürlich nicht alle, jedoch viele. Vor allem solche, die auf Hochstammbäumen wachsen und die, da beschwerlich, oft niemand ernten will. Überreif im Gärungsprozess fallen die Früchte zu Boden. Eine gedeckte Tafel für Kirschessigfliegen, eingeflogen vor drei Jahren direkt aus Japan, die sich so kräftig vermehren und weiterziehen von einer Plantage zur nächsten. Zu Himbeeren, Zwetschgen oder Brombeeren.

Damit nicht genug. Der Sommer war heiss, trocken, die Pflanzen lechzten nach Wasser. Sogar den Fischen wurde es zu warm. Spritzkannen arbeiteten im Akkord, Gartenschläuche kannten keine Pausen. Bald kursierte der Ausdruck „Bonsai"-Kartoffeln. Alles in allem litten Gemüse wie Früchte Höllenqualen. Vieles ging einfach würdelos kaputt. Ein Desaster für Bauern. Aber sonst? Kein Problem. Die Regale in Migros, Coop, Denner, Aldi sind gut gefüllt mit Früchten und Gemüse aus aller Welt, künstlich nachgereift zu prächtiger Grösse. Ja, die Regale sind voll. Bis jetzt.

Weniger Glück haben die Gletscher. Von blossem Auge ist ihr ständiger, rapider Rückgang zu erkennen. Wo im Sommer mal scheinbar unverwüstliche Schneefelder glitzerten, sehen wir bloss noch Steinmassive. Und wie unter einer Zahnkrone Karies sich weiterfrisst, bröckelt auch der Permafrost. Megatonnen an Gestein drohen unkontrolliert über Skipisten und in Bergdörfer zu donnern. Diesen Geist bekommen wir kaum mehr zurück in die Flasche. Das mit dem Schmelzen und Bröckeln macht einfach nur Angst.

Aber die Regale sind voll, auch wenn Kirschen, Zwetschgen und Beeren faulen, wenn Gemüse vertrocknet. Zumindest das haben wir im Griff. Bis jetzt!

(AWB, 4.9.2015)

Réduit im Gotthard-Tunnel!

Auch der Titel „Tunnel-Gedanken – Gedanken-Tunnel" würde passen. Sie merken, worauf ich abziele: „Zweite Gotthardröhre: ja oder nein?" Mit meinen Tunnel-Ideen möchte ich Licht in besagte Abstimmung bringen, was im Endspurt vielleicht die eine oder andere Stimmabgabe beeinflussen mag. Soviel vorweg: Überlegungen zur Sicherheit lassen mich klar für eine zweite Röhre stimmen. Das Verladen auf die Eisenbahn tönt zwar verführerisch, aber die Probleme überwiegen. Geht man zum Beispiel bei der Verlosung um einen der begehrten Eisenbahnplätze leer aus, heisst es: Warten, warten, warten.

Nun zum Thema Sicherheit: Mit der zweiten Röhre für den motorisierten Verkehr wird nach der Sanierung der ersten Röhre aus Sicherheitsgründen jede nur einspurig befahren. So ist es gesetzlich verankert. Zudem, grosses Ehrenwort der Politik – für einmal glaube ich ihr sogar. Natürlich wird die Versuchung gross sein, alle vier Spuren, da ja viel Geld bis dahin „vertunnelt" wurde, zu nutzen. Dem sollten wir frühzeitig den Riegel schieben.

Hier meine prüfenswerten Tunnel-Gedanken: Jungfräulich sollte die jeweils zweite Spur mitnichten ihr Dasein fristen, als schnöder Pannenstreifen verkaufte sie sich klar unter ihrem Wert. Hingegen würden Alpenbewohner hier ihre Zuflucht finden, wenn Permafrost schwindet, Berge bröckeln und Felsen zu Tal stürzen. Erinnern wir uns an tapfere Zeiten, an unsere entschlossene Wehrhaftigkeit, als der Gotthard die Schweiz im zweiten Weltkrieg gerettet hat. Und wiederum käme er zu Ehren als Röhren-Réduit für bedrohte Bergbewohner. So gelänge ein friedliches Nebeneinander von Auto, Lastwagen und Mensch als einmalige Erfolgsstory zweier Gotthardröhren!

PS: Diese Kolumne wurde nicht veröffentlicht. Die Redaktion des AWB befürchtete eine wesentliche und unzulässige Beeinflussung der Abstimmung.

Forelle blau und Leistungslohn

Blöder Titel, mag man im ersten Moment denken. Bei näherem Zusehen ergeben sich jedoch erstaunliche Gedankenanstösse. Beginnen wir mit der Forelle blau, einem leckeren Fisch. Unser Wirt bekommt die Ware aus einer Zucht; die Fische beherbergt er vor dem Verzehr für ein paar Tage in seinen tiergerechten, standardisierten Tanks. „Nix da", sagt das kantonale Veterinäramt. Der Wirt betreibe eine Zucht, wenn auch jeweils nur für wenige Tage. Ohne dreimonatiges Praktikum in einer Fischzucht gäbe es keine Bewilligung. Männiglich schüttelt den Kopf: „Die haben sie nicht alle!"

In andern Bereichen hingegen zweifelt niemand an der Notwendigkeit von Ausbildung und Vorgaben bis hin zu Gesetzen. Für die Lehrerschaft zum Beispiel macht das Sinn. Schliesslich vertrauen wir ihr unsere Jugend an und erwarten

auf der anderen Seite vollen Einsatz und wiederholte Weiterbildungen. Für rote Köpfe sorgt nun aber das ominöse Wort „Leistungslohn". Man zweifelt, ob gerechte Beurteilungen möglich sind, was wohl nicht von der Hand zu weisen ist.

Anders als der Forellenwirt erhält unser Lehrer keine standardisierte „Ware". Das kommt davon, dass Eltern vorgängig zur Geburt ihrer Kinder weder Ausbildung noch Eignungstest absolvieren müssen. Auch die Grosseltern nimmt niemand unter die Lupe, obwohl diese gar viel Zeit mit dem Nachwuchs verbringen. So kommt es, dass Lehrer mit diesen „Erziehungsprodukten" ihre liebe Mühe haben. Mit Forellen wäre die Sache klar. Darum mein Vorschlag: Was vor Schuleintritt verbockt wurde, sollte man gerechterweise in die Lehrer-Beurteilung miteinfliessen lassen. Insbesondere die Gesinnung von Eltern und Grosseltern gegenüber Spass und Leistung.

(AWB, 16.2.2018)

UNTERSCHIEDLICHE GEMEINSAMKEITEN

Zwischen EU, resp. einzelnen EU-Ländern und der Schweiz

Europäische Ansichten	*Schweizer Einsichten*
Rücknahme	
Englische Touristen, die auf europäischem Festland Ferien verbringen, dürfen bis auf weiteres nach Grossbritannien zurückkehren.	Asylanten in der Schweiz, die in ihrer Heimat, die sie verfolgt, Ferien verbringen, dürfen stets in die Schweiz zurückkehren.
Subventionen	
Das britische Königshaus lässt sich vergolden, kostet den Staat Millionen. Aber das Zwanzigfache von dem, was die Royals kosten, fliesst in die Wirtschaft zurück. Trotz Brexit verhindert die königliche Sippe also den Untergang des Vereinigten Königreiches.	Vergoldete Bauernhöfe in der Schweiz gehen sogar in die Milliarden. Ohne Bauern grasten hingegen keine Kühe auf den Alpen, Landschaften würden grossflächig versteppen und der Tourismus könnte einpacken.
Konsequenzen	
Viele Engländer haben den Brexit mit Pinkeln verwechselt, da ja jeder mal austreten muss. Die Konsequenzen erweisen sich als hart.	Eine knappe Mehrheit hat der Masseneinwanderungsinitiative zugestimmt, da sie sich der Folgen nicht bewusst war. Die Light-Variante bewahrt uns vor harten Konsequenzen.

Europäische Ansichten | *Schweizer Einsichten*

Willkommen

Deutschland pflegte zuerst die Willkommenskultur für Flüchtlinge. Längst hat die Euphorie trotz Merkel merklich abgenommen.

Die Euphorie in der Schweiz hat nie abgenommen. Es gab sie so einfach nie.

Abschiebungen

Deutschland schiebt Flüchtlinge in die Schweiz ab, die mit dem Tram Nummer 8 von Basel aus ins Deutsche Reich eingedrungen sind. Das Dublin-Abkommen erlaubt solche Rückführungen.

Die Schweiz ihrerseits versucht, Flüchtlinge nach Italien abzuschieben, wenn sie ursprünglich von dort eingereist sind. Das Dublin-Abkommen erlaubt solche Rückführungen.

Renten

Griechen mussten ihre Hängematten verlassen. Die Renten wurden zum 15. Mal gekürzt.

Bei der Abstimmung zur Altersreform 2020, die knapp abgelehnt wurde, drifteten die Meinungen weit auseinander. Über einen eventuellen Ausbau wird wohl noch lange gestritten, obwohl wir uns diesen nicht leisten können.

| *Europäische Ansichten* | *Schweizer Einsichten* |

Waffenrecht

| Die EU verschärft das Waffenrecht. Sie reagiert damit auf die Terroranschläge in Europa. | Als direkte Nachkommen von Wilhelm Tell wollen Schützinnen und Schützen das nicht so hinnehmen. Sie nehmen es in Kauf, alle Verträge mit der EU den Bach ab zu schicken. |

Kampfbereitschaft

| Die Ausrüstung der deutschen Bundeswehr zeigt sich in besorgniserregendem Zustand. Lediglich ein kleiner Teil an Panzern, Flugzeugen, Hubschraubern und Schiffen gilt als einsatzfähig. Vieles kann weder fahren, fliegen noch schwimmen. | Bei einem unerwarteten Alarm wäre die Armee nicht einsatzfähig. Jetzt soll sie sich aber zur schnellsten Truppe Europas mausern. Leider haben nun doch etliche Kampfflugzeuge gecrasht, genauer jedes sechste. Rechtzeitig will man 40 – 70 neue Kampfjets anschaffen, zumindest doppelt so viele als das grössere Österreich mit seinen 18. Die Schweizer Armee begeisterte 2017 erneut am Basler Tattoo. |

Volksrechte

| Die Bürger in den meisten EU-Ländern träumen von mehr Mitbestimmung, etwa | Zumindest viermal jährlich geben wir unseren Willen an der Urne bekannt. Wenn es |

Europäische Ansichten	*Schweizer Einsichten*
in Form von europaweiten Volksentscheiden.	nicht passt, biegt die Politik das Abstimmungsergebnis zurecht.

Atomenergie

Die EU-Kommission will den Bau von Atommeilern vorantreiben. Frankreich will 17 Reaktoren stilllegen. In Deutschland wird bis 2022 der letzte Stecker gezogen.	Der Ausstieg ist beschlossene Sache. Wohlweislich hat das Parlament keinen genauen Fahrplan festgelegt, wann welches Werk stillzulegen sei. Noch funktionieren wir nicht gänzlich deutsch.

Grenzgängerstreit

Italien reklamiert, das Tessin diskriminiere seine Bürger, die in der Schweiz arbeiten. Die Personenfreizügigkeit werde verletzt.	Der neue Bundesrat Ignazio Cassis zeigt sich überaus zuversichtlich, da er mit den Italienern schliesslich in seiner Muttersprache Italienisch verhandeln kann.

Euro

Die Spatzen pfeifen es schon lange von den Dächern: Als Exportweltmeister bleibt Deutschland unübertroffen dank des Euros. In den Lohntüten sind die Erfolge längst nicht angekommen. Wer wollte es den Deutschen verargen, dass sie dem „Geiz ist geil" frönen.	In Grenzregionen zieht es viele regelmässig in die angrenzenden EU-Länder zum lukrativen Wocheneinkauf. Dank Schnäppchenpreisen lassen sich Löhne wie Renten ganz schön aufbessern. Von wegen „Geiz ist ..."

Europäische Ansichten	*Schweizer Einsichten*

Fremde Richter

Zentralistisches Brüssel. Die EU will ein Rahmenabkommen mit der Schweiz, das eine einheitliche und effizientere Anwendung bestehender und künftiger Verträge gewährleisten soll. Die Schweiz übernimmt dabei EU-Recht und der Europäische Gerichtshof entscheidet, was rechtens ist.	Bisher wussten wir nicht, dass schon jedes dritte Gesetz sich nach der EU richtet. Seit wir uns dessen bewusst sind, fürchten wir um unsere Souveränität. PS: Erst erhitzte der Freiheitsheld Tell die Gemüter. Jetzt entflammen die Schweizer Herzen für Don Quijote, den Ritter der traurigen Gestalt. So trotzt die Schweiz standhaft der niederträchtigen EU.

Fluglärm

3,4 Millionen Deutsche fliegen jährlich ab Zürich (2011). Die Süddeutschen jammerten und möchten am liebsten keinen Fluglärm.	Die Flugbewegungen über Süddeutschland wurden eingeschränkt. Diese Änderung geht auf das Konto von Doris (Doris Leuthard, Bundesratspräsidentin 2017), welche eh das Universum vor dem dritten Weltkrieg rettet (vgl. Selbstinszenierung).

Europäische Ansichten	*Schweizer Einsichten*

Selbstinszenierung

Der französische Strahle-Präsident Emanuel Macron will als Sonnenkönig, wenn nicht die Welt, so zumindest Europa retten.	Bundespräsidentin Doris Leuthard in stetem Hoch rettet den Weltfrieden. Lauthals bietet sie diskrete Diplomatie im Streit zwischen Trump und Kim Jong-un an.

Zufällige Vergleiche fördern Erstaunliches zutage.

Wenn unsere Kühe fremdgehen

Die Alpsömmerung bekommt Kühen einfach gut. Die Tiere bleiben fit, die Milch ist gehaltvoll, der Käse würzig. Kein Wunder, lieben diese Schleckmäulchen doch die vielfältigen, aromatischen Alpenkräuter und Gräser über alles, wobei ihnen kein Hang zu stotzig ist. Aber unsere Kühe, unsere Schweizer Kühe überschreiten dabei öfters Grenzen, stillen ihren Hunger teils in Frankreich, Italien, gar in Österreich. Das war schon immer so, das dumme Vieh weiss es nicht besser. Alles halb so schlimm, ginge es nicht um das Qualitäts-Gütesiegel „Schweiz" und zugleich um unsere Schweizer Zukunft.

Gehen wir davon aus, dass eine solche Kuh pro Tag während acht Stunden frisst, das Wiederkäuen lassen wir beiseite. Von diesen acht Stunden bewegt sich die Kuh je nachdem während drei Stunden auf EU-Territorium, was den Schweizer Anteil des Rohstoffes Milch auf 62,5% reduziert. Die 80%-Hürde fürs Swiss Label bei schwach verarbeiteten Lebensmitteln wird somit glatt verfehlt, das 100%-Erfordernis bei Milch sowieso. Denkt man. Dank angemessener Flexibilität erfährt das Gütesiegel Schweiz gemäss Verordnung nicht den geringsten Abstrich.

Schön, schön, kämen nicht weitere Unstimmigkeiten hinzu. Bekannt ist nämlich, dass rund die Hälfte aller Kuhalpen von Senninnen und Sennen aus der EU bewirtschaftet werden. Sie melken unsere Schweizer Kühe mit ihren EU-Händen, mit denen sie auch käsen. Nicht auszudenken, wenn sie erkältet sind, bei der Arbeit niesen, gar husten. Zu guter Letzt sei erwähnt, dass nunmehr EU-Hunde aus den Abruzzen und den Pyrenäen unsere Herden schützen. Angst, Angst: EU bereits in der Milch, EU im Käse, nur weil unsere Schweizer Kühe fremdbetreut fremdgehen.

(AWB, 16.10.2015)

Florian liebt Grün

Zugegeben, es stimmt schon, wir wohnen da etwas abgelegen. Böse Zungen reden gar vom Leben in der Pampa. Wobei, die haben doch gar keine Ahnung von unserer Dorfidylle in Schönenbuch. Wir sind mitten drin in der Natur, ohne auf irgendetwas verzichten zu müssen. Mit zwei Autos nämlich lebt es sich hier höchst bequem, vor allem auch für junge Mütter, die ihre Kleinen zweimal pro Tag zum Kindergarten und zurück chauffieren müssen.

Als Kurort kann man unser Dorf mit 355 Metern über Meer zwar nicht bezeichnen, aber das Panorama ist phänomenal. Je nach Himmelsrichtung sind der Gempen, der Blauen, der Tüllinger Hügel, der Feldberg und bei klarem Wetter gar die Vogesen zu sehen. Den EuroAirport mit dem tollen easyJet-Angebot haben wir quasi vor der Haustür. So ein- bis zweimal pro Tag flitzen wir mit dem Auto, wenn nicht in die Grossstadt Basel, so doch ins nahe 3,5 km entfernte Allschwil mit seinem städtischen Charme.

Die Wirtschaft scheint schwer auf Hochtouren, denn wie zähe Melasse wälzt sich der Verkehr von und nach der Stadt, dazu Pendlerströme aus dem Elsass, tagein, tagaus. Leider wird es immer schwieriger, da einen Parkplatz für ein paar Stunden zu ergattern. Das ärgert. Dafür haben wir den Fluglärm grösstenteils auslagern können. Der passt nun mal nicht zu unserem Dorf im Grünen. Dank der Flugzeuge über Allschwil dürfen sich aber seine Einwohner immer wieder an einem Naturspektakel der Extraklasse erfreuen, nämlich dann, wenn ockerfarbener Saharasand zusammen mit vielen kleinen Kerosinpartikeln Schmetterlingen gleich im Sonnenlicht tanzt.

PS: Einige Leser/Innen aus Allschwil überhäuften mich mit regelrechtem Shitstorm, der sich nun erledigt hat, seit Schönenbuch von Flugzeugen regelrecht eingelärmt wird. Am EuroAirport wurde nämlich so um 2015 herum ein neues Abflugsystem eingeführt.

(AWB, 7.2.2014)

Wer zu früh lacht, den bestraft das Flugi.
(Kondensstreifen über Schönenbuch)

No „Röschtigraben", please!

Englisch oder Französisch? Das ist unser Aufsatzthema in der dritten Klasse der Primarschule. Ich* hätte lieber Englisch, weil wir schon zu Hause viel Englisch sprechen. Mami sagt nach jedem zweiten Satz: „Okay." Am Samstag dürfen meine Schwester und ich immer wählen zwischen Hamburgern und Cheeseburgern. Das ist echt cool. Und erst noch Papi. Sieht er Touristen in der Stadt, die den Plan so komisch drehen, fragt er immer: „Can I help you?" Dann spricht er vor allem mit den Händen, rudert mit den Armen und die Touristen strahlen und sagen: „Thank you."

Unser Lehrer findet aber Französisch viel wichtiger, doch für mich ist es „schampar" schwer. Vielleicht weil ich Mühe habe und wie die meisten ganz viele Deutschfehler* mache. Meine Krankheiten heissen Dyskalkulie und Legasthenie. So hat Mami es auf den Zettel geschrieben. Macht nichts, hier bekomme ich Stützunterricht, aber so, dass ich immer grossen Spass habe. Jetzt müssen wir alle zuerst Französisch lernen, was nicht ganz schlimm ist. Es sind nämlich nur zwei Stunden pro Woche. Wenn ich schlecht bin, bekomme ich in Französisch trotzdem keinen Stützunterricht. Das finde ich ungerecht. Leider sind meine Eltern Schweizer. Wenn Papi Serbokroatisch und Mami Türkisch sprechen würde, wäre es egal, wenn ich in Französisch nicht mitkomme. Ich würde ganz schnell vom Lernziel befreit. Meine Schwester, die älter ist als ich, meint: „Siehst du Yanik, so werden wir Schweizer diskriminiert." Mami und Papi stehen irgendwie nicht zu mir. Obwohl sie Mühe haben, mir bei den Französischaufgaben zu helfen, behaupten sie, Französisch sei wichtig. Als ich Papi fragte, warum, sagte er, es sei wegen des „Röschtigrabens".

*Yanieg, Klaase 3q

(AWB, 26.9.2014)

Wölfe – fresst doch bitte Gras!

Freude herrscht! Die Natur schlägt mit tierischer Kraft zurück, dank gütiger Hilfe. Grüne heulen mit den Wölfen um die Wette. Gar tausendfach erschallt das Echo von Passwang, Gempen, Eiger, Mönch und Jungfrau: „Das sind wir ihr schuldig, das sind wir ihr schuldig, der Mutter Natur." Da sag ich nur: „Oh Mensch, du armes Schwein! Jetzt haben wir den Salat." Immer zahlreicher schleichen die Wölfe hungrig umher. Sie kennen kein Verbot, erkunden Weiden, Ställe, Dörfer. Doch plötzlich, wie durch ein Wunder, hat Mensch gemerkt, dass die Wölflein tatsächlich nicht grün sind. Schlimmer noch, sie fressen nicht einmal Gras, aber ganz viel Schaf. Und immer „meeh", und immer „meeeeh", was die Leute in den bis anhin wolffreien Städten kaltlässt.

Letzthin wurde ein Bild eines solch natürlichen Schlachtfeldes in einer Zeitung veröffentlicht. Ich sag Ihnen: „Es war kein schöner Anblick, dieses „Solferino[1] der Schafe". Dass die Bauern Partei ergriffen und sich mit ihren Schafen solidarisierten, ist begreiflich. Mit klarer Absicht zogen sie nach Bern auf den Bundesplatz. Aus vielen hundert Kehlen erklang es: „Geld her, und zwar dalli und direttissimo, sonst Überfall aufs Bundeshaus mit Traktor, Heugabeln, Mähdrescher und ‚Güllemixer'."

Liebe Leserin, lieber Leser, Sie müssen sich das mal plastisch vorstellen: Kräftige Männer, hoch aufgerichtet, zum Letzten entschlossen wie die alten Eidgenossen vor unserem Bundeshaus! Fast hätte die Geschichte ein böses Ende genommen, aber nur fast. Denn Bern bezahlte natürlich subito, auch für die wölfigen Herdenhunde. Leider sind diese noch viel aggressiver als Kühe. – Drum liebe Wölfe, fresst doch endlich Gras!

---

[1] Solferino: In Anlehnung an die Schlacht von Solferino 1859. Damals entstand die Idee zur Gründung des Roten Kreuzes.

Auch der Bär suchte sein Glück in der Schweiz. Schon steht der erste, weil zu dumm, als „Stopfbär" im Museum.

(AWB, 23.5.2014)

Bärenpfad in S-Charl

TAUSCHE FREIHEIT GEGEN FÜRSORGE

Wer hat uns das wohl eingebrockt?

Es stürmte heftig, orkanartige Böen mit einer Windgeschwindigkeit von nahezu 149,6 Stundenkilometern peitschten über das Land hinweg. Auf einem vereisten Waldweg kam ein Mann zu Tode, als zwei Bäume unter gewaltiger Schnee- und Eislast zusammenbrachen. Ein tragischer Unfall, der hätte vermieden werden können, wäre der Wald für die Öffentlichkeit gesperrt worden. Schon eine Verbotstafel hätte eventuell das Schlimmste verhindert. – Ja, was leben wir gefährlich! Nicht nur im Wald bei Sturm und Eis, auch auf Feldwegen lauert Schlimmes mit leidigen Folgen, wenn jene spiegelglatt vereist daherkommen. Von drei Bekannten weiss ich, dass ihr Schlüsselbein beim Sturz zersplitterte, bei gar vieren versagte das Handgelenk als Stopper seinen Dienst. Zu spät realisierten die Unglücksopfer, dass sie in eine eisgefährliche Situation geschlittert waren. Die Untersuchung der Unfälle ergab, dass die Spaziergänger keine Schuld treffe, da die Stürze nicht auf unpassendes Schuhwerk zurückzuführen seien. Vielmehr hätten Schilder gefehlt, die darauf hinweisen, dass Glatteis herrsche. Nicht einmal Schilder, die vor Rutsch- und Sturzgefahr bei Glatteis warnen, hatte man fürsorglich angebracht. Die ganze Schuld – gemäss Abschlussbericht – trage der Staat. Winterversagen!

Schnöde versucht der Staat, seine Verantwortung an die Bürger abzuwälzen. Gestern wie heute, doch ohne Erfolg. An der Überforderung der Menschen hat seinerzeit schon die „Aufklärung" gefloppt. Die Aufklärung, falls vergessen, die Aufklärung schlechthin, geht zurück auf das 17./18. Jahrhundert. Das Motto hiess: Habe den Mut, dich deines eigenen Verstandes zu bedienen. Dieses Vorhaben, meinte man, gelinge einzig über Bildung, wobei über Wissen und neue Erkenntnisse vernunftgemässes Handeln in Reichweite rücken würde. Huh, so was von kompliziert! Das konnte nicht gutgehen.

Nach uns die Vernunft

Wie vorauszusehen, erreichte man das Ziel nie. Man hätte die Menschen eben fragen sollen, ob sie Freiheit gegen Vernunft einzutauschen bereit wären. Wird der jetzige Staat mehr Erfolg haben, der uns täglich aufklärt, stündlich erklärt, was wir tun, was wir meiden sollen? Der uns warnt vor Risiken und schlimmstmöglichen Endergebnissen? Wer weiss. Ich meine: Die jahrhundertelang erprobte Überzeugung „Nach uns die Vernunft" ist schwer aus den Köpfen rauszukriegen. Und gut Ding will Weile haben. Vorsichtig drum sensibilisiert Vater Staat ganz subtil mit marktschreierischen, flächendeckenden Plakatkampagnen: Dass zum Beispiel Rauchen ungesund sei und je nachdem gar Krebs erzeuge. – Als ob dieses Schwarzmalen einen überzeugten Raucher je beeindruckt hätte, so wenig wie es die Schreckensbildli auf den Zigaretten-Packungen vermögen. Eine weitere Kampagne warnt, Übergewicht ziehe gesundheitliche Schäden nach sich. Auch das für die Katz, der Hüftspeck harrt standhaft aus, Fastfood mundet. Damit nicht genug, der Staat wünscht sich darüber hinaus sehnlichst, dass wir leere Flaschen, Fastfood-Verpackungen und Zigarettenkippen vorzugsweise nicht auf den Boden schmeissen mögen. Resultat: Der Abfall mehrt sich munter auf der Allmend. Weitere Beispiele, die nix bringen, gefällig? Was uns gegen den Strich geht, wollen wir nicht. Wir lassen uns nicht behandeln wie die letzten Deppen, die nur betreutes Denken als letzter Strohhalm zu retten vermag. Verglichen mit der EU gibt's wirklich nichts zu jammern. Ohne vorgängige Sensibilisierungskampagne haben sie, notabene auf Gesetzesstufe, die Länge von Kondomen harmonisiert. Weitere Beispiele werden gerne nachgereicht.

Letzthin hat es mir definitiv den Hut „gelüpft". Was zu weit geht, geht zu weit. Da will mir einer quasi in die Kaffeetasse spucken, mir vorschreiben, wie viel Zucker es denn sein, wie viel Süsses mein Joghurt enthalten darf, wie viele Tafeln Schokolade jährlich zu geniessen gesund sei. Genuss sei anrüchig –

aber er schmeckt vorzüglich. So schnell, wie befürchtet, wird hingegen nicht geschossen. Ein übermässiger Zuckerkonsum ist bloss langsam abzubauen, weil Entzugserscheinungen als äusserst gesundheitsgefährdend gelten. Zudem riechen Menschen auf radikalem Entzug, wie zum Beispiel Zuckersüchtige, Alkoholiker, Leute auf Nulldiät, grausig, wenn die gesamte übersäuerte Schlacke aus allen Poren in frische Luft entweicht. Unappetitlich, sag ich. – Was kommt wohl nach Zucker-, Cholesterin-Warnungen etc. alles auf uns zu!

Bitte kein Schoggibrot zum Znüni

Warum eigentlich werden Tierversuche vermehrt abgelehnt, Gesellschaftsexperimente des Staates trotzdem mir nichts, dir nichts hingenommen? Ausserdem, haben Sie sich schon mal überlegt, was allein die flächendeckenden Plakatkampagnen für gesünderes Leben kosten, obwohl sie uns krank und depressiv machen, was das Gesundheitswesen einmal mehr explodieren lässt? Wer kann das bezahlen? Blöde Frage, natürlich wir! Mit der Folge, dass wir hart und immer härter arbeiten. Gerade Eltern als Doppelverdiener können ein Lied davon singen. Schliesslich wollen sie sich etwas leisten. So kommt es, dass den armen Vätern wie Müttern weder Energie, Zeit noch Lust bleibt, sich um ihre Kinder zu kümmern. Vielmehr delegieren sie die Verantwortung an den Staat, dieser wiederum an die Lehrerschaft, die unentwegt ächzt unter der zusätzlichen Bürde. Sollen sie bloss dankbar sein, wie vielfältig ihr Job geworden ist. Rechnen, Lesen, Sprachen, na ja. Geographie, Chemie, Physik als undurchsichtiger Einheitsbrei, Nebensache. Mangelhafte Fachausbildung, vergessen wir's. Wichtig ist, dass die Lehrerschaft den Kindern erklärt, dass nach dem „Bisle" (Harn ablassen in der Toilette) die Hände zu waschen sind, dass ein Schoggibrot als Znüni nichts taugt, dass zu viel Porno gucken den Charakter versaut, Drogen die Aufmerksamkeit beeinträchtigen, Pädophile im Internet lauern, dass, wenn einer auf dem Boden liegt, nicht weiter auf ihn einzuprügeln und die Kopfpartie zu verschonen sei, und, und, und ... Jetzt wissen Sie, warum unsere Bildungskosten kontinuierlich steigen. Die Steuern hinken kläglich hinterher. Der unersättliche Staat musste sich einiges einfallen lassen, damit sein Opferstock stets reichlich gefüttert werde.

Flüssiger Verkehr ohne Ampeln

Gegen Füttern wäre je nachdem nichts einzuwenden. Rehe zum Beispiel, wunderbar. Geisslein auf der Alp, nee. Frech wie aufdringlich schnappen sie von unserem Picknick, wenn wir nicht aufpassen. Genauso wie der Staat, wenn wir nicht aufpassen, im Strassenverkehr. Ungewollt, wenn wir ertappt werden, füllen wir seinen Fresskorb, stopfen täglich, gar stündlich seine Kassen. Das schenkt ein. Wer von uns wurde noch nie Opfer solch dreisten Übergriffs auf unser Geld, wer könnte nicht mitreden! Weil Papa Staat seine Pappenheimer kennt, budgetiert er dementsprechend. Viele Millionen im Voraus, und wir Deppen lassen uns blitzen, zahlen verärgert die Busse, lassen uns blitzen, zahlen, lassen uns blitzen, zahlen ... usw. Wer nicht hören will, muss fühlen.

Ohne Vorschriften, Gesetze, Ampeln, um wieviel flüssiger würde der Verkehr rollen!

*Der fürsorgliche Staat grünt
als wäre das ganze Jahr gedüngter Frühling.*

Besser leben, besser sterben ...

... edler ruhen. So und nicht anders sieht Herr W.B. seine Zukunft. Ein Leben lang hat er geschuftet, hat es zu etwas gebracht. War CEO eines renommierten Unternehmens mit über 10'000 Angestellten. Jetzt, nach seiner Pensionierung ist er ein gefragter Verwaltungsrat. Aber eben, in seinem Alter ist die Zeit kein Freund. Da gilt es zu regeln, was wichtig ist. Seinen Lebenslauf als wichtiges Dokument für die Nachwelt hat er längst verfasst. Diesen schöpferischen Akt angesichts seiner Endlichkeit liess er sich nicht nehmen.

Wer ihm Standesdünkel vorwerfen würde, täte ihm unrecht. Er ist sich bloss bewusst, zu welcher Klasse er gehört. Eben hat er mit seinesgleichen bei der Verwaltung ein Gesuch für ein separates 1. Klasse-Krematorium eingereicht sowie einen ansprechenden Geldbetrag in Aussicht gestellt. Für seine letzte Ruhestätte liess er auch schon eine schmiedeeiserne Umzäunung von einem Künstler entwerfen. Schliesslich will er sich seine Ruhe nicht durch drittklassige Rehe stören lassen. Überhaupt, Berührungen mit andern Klassen meidet er, wo immer er kann.

Und nun das. Ohne Ankündigung trifft ihn ein schwerer Herzinfarkt. Er schwebt zwischen Leben und Tod. Als er die Augen öffnet, bemerkt er zufrieden das viele weiss gekleidete medizinische Personal. Doch es röchelt und stöhnt gar widerlich. Hilfe, er ist nicht allein. Nur durch Vorhänge getrennt liegen noch viele Patienten auf der gleichen Intensivstation. Er will nach dem Professor rufen, sein Recht auf eine eigene 1. Klasse-Station durchsetzen. Wütend versucht er, sich im Bett aufzurichten, sackt kraftlos zurück, seine sonst kräftige Stimme bloss ein Flüstern versagt wie auch sein Herz.

(AWB, 2.9.2016)

Friedhof Hörnli in Basel: Heisshunger auf Trauerflor.
(Foto: Tobias Stöcklin, von der BaZ freundlicherweise z. V. gestellt)

Polizei bittet: Bei Verdacht – RUF AN!

Endlich tut sich was, und das schon seit einiger Zeit. Den Dieben und Einbrechern soll es an den Kragen gehen, haben sich diese doch zu einer lästigen Spezies entwickelt. Tendenz steigend. Darüber täuscht keine noch so geschönte Statistik hinweg. Landauf, landab verweisen grosse Plakate der Polizei mit dem Slogan „Verdacht – RUF AN!" auf die Kampagne gegen Einbrecher. Mir gefällt dabei der Appell an die Bevölkerung, aktiv mitzuhelfen und unüblichen Lärm sowie Verdächtiges sofort zu melden.

Wie viele andere, so hatte mein Nachbar vorsorglich eine Alarmanlage installiert, die eines Tages während seiner Ab-

Bild freundlicherweise von der Polizei BL z.V. gestellt.

wesenheit losging wie eine alles durchdringende Sirene. Was tun? – Mutig umrundete ich sein Haus, das Herz klopfte bis zum Halse. Weder eine Türe noch ein Fenster schienen eingeschlagen. Und die Sirene heulte und heulte. Nach langem Überlegen informierte ich die Polizei. Diese wollte wissen, ob sie kommen solle. Da anscheinend kein Mensch bedroht war, meinte ich: „Hab keine Ahnung, ich wollte nur melden, dass beim Nachbarn der Alarm abgegangen ist, entscheidet bitte selbst", was sie dann auch taten. Sie kamen ruhig und gaben artig die Hand. Und ermahnten mich fürsorglich, nie mehr bei Abgang eines Alarms auf eigene Faust nachzuschauen, das sei höchst gefährlich. Im Nachhinein erwies sich der Alarm infolge eines Defektes als Falschalarm. Mein Nachbar bekam von der Polizei umgehend eine Rechnung über CHF 400.-, was mich doch sehr erstaunte. Ich riet ihm, zu reklamieren und kam ins Grübeln: Soll ich mir beim nächsten Alarm wohl besser die Ohren zuhalten? - Eine leise Stimme mahnt: „Verdacht – RUF AN!"

Beruhigend: Sobald der Goldpreis sinkt, wird weniger eingebrochen!

(AWB, 17.4.2014)

Süchtig ob der Suche nach dem Sinn

Wo ist mein Portemonnaie, wohin habe ich den Autoschlüssel gelegt? Der Hausschlüssel befindet sich auch nicht dort, wo er sein sollte. Und, o je, mein Handy, mein Ein und Alles kann ich wieder nirgends sehen. So suchen wir jeden Tag nach dem Sinn des Lebens. Sobald oben genannte Utensilien gefunden, was glücklicherweise meist geschieht, steht dem perfekten Tag nichts mehr im Weg. Gerade im Dezember und im Januar, wenn das kauffreudige Herz vor Freude Purzelbäume schlägt.

Vor Weihnachten ist nämlich nach Weihnachten. Das heisst: Preisreduktionen auf allem, was da lockt. Da muss Frau/Mann einfach zuschlagen, das macht Sinn. Und los geht's mit dem Taschenrechner: 20% Prozent sparen beim Wein, weitere 20% bei Frühbuchung der Kreuzfahrt. 40% weniger kostet die Kalbfleischpastete, 28% weniger das Fleischspiessli. 50% Reduktion auf die heissbegehrte Lederhose, 25% auf Nivea-Produkte, nochmals 50% für das neue Sofa und weitere 50% fürs neue Schuhgestell. Nach Adam Riese sind das Einsparungen von sage und schreibe 283%. Das macht Sinn.

Die lukrativen Angebote lassen die Sinne schwinden im Gleichschritt wie die Kauflust wächst. Und schon droht dem Sinn der Irrsinn, der Lust der Frust. Das Konto rutscht trotz aller Abschläge ins Minus. Was tun, wenn noch so viele Schnäppchen winken, die nicht so schnell wiederkommen. Viele Wege führen aus der Sackgasse, aber irgendwann müssen gar die zwei Franken für den Radiergummi bezahlt werden. Ja soll denn weniger konsumiert werden? Natürlich nicht. Schliesslich ist der private Konsum eine wichtige, oft matchentscheidende Stütze der Schweizer Volkswirtschaft. Die süchtige Suche macht einfach Sinn. Nicht wahr?

(AWB, 16.1.2015)

Schweizer – so was von ehrlich!

Wir Schweizer sind ein gesegnetes Volk, nehmen wir doch für uns Tugenden in Anspruch wie Fleiss, Pünktlichkeit und vor allem Ehrlichkeit. Schweizerinnen und Schweizer lügen selten, greifen höchstens zu Notlügen oder den unvermeidbaren Schwindeleien. Wenn doch gelogen, schamlos die Wahrheit verdreht wird, geht es eben um Politiker. Denken wir nur an Susanne Leutenegger-Oberholzer. Dank medialer Nachhilfestunden bezüglich ihrer Zweitwohnung erkannte auch sie, dass Ehrlichkeit am längsten währt. Viel besser verhielt sich das Plappermäulchen Christa Markwalder, „kötzelte" notgedrungen alles von sich aus, sagte, sie sei naiv gewesen und gebe fortan keine vertraulichen Kommissionsunterlagen weiter, die gar in Kasachstan landen könnten. Sogar unser Noch-FIFA-Präsident Sepp Blatter will nun nichts anderes, als auf dem Pfad der Schweizer Tugenden wandeln und zusammen mit dem FBI den Saustall FIFA endlich ausmisten.

Da könnte sich das Ausland eine Tranche abschneiden. Betrüblich, was gewisse Menschen ihren Heimatländern an Steuern in Millionenhöhe vorenthalten und lieber ihr Geld gut versteckt auf unseren Banken deponiert haben.

Wir Schweizerinnen und Schweizer sind ganz anders. Jahr für Jahr füllen wir eigenständig, nach bestem Wissen und Gewissen unsere Steuererklärungen aus, unter Angabe meist aller Vermögenswerte. Doch einen Wermutstropfen gibt es: Die Begierde der langen Finger. Von Erdbeeren, der süssen Versuchung, verführte Kundinnen. Herr Bloch vom Milchhüsli in Allschwil ist ganz verzweifelt, legt jedes Körbchen, angeschrieben mit 500 Gramm Inhalt zu Fr. 4.20 auf die Waage. Und oh Schreck, in jedem fehlen bis zu 100 Gramm. Nicht schön. Aber es geht ja nur um Erdbeeren. Da ist wohl fertig lustig mit Ehrlichkeit.

(AWB, 3.7.2015)

MEINE SCHWESTER, ICH UND MEINE GROSSELTERN

Unglaublich: Die Grosseltern konnten mit einem Jahr schon laufen und mit 13 Monaten sprechen.

Jonas Tagebuch

Mai

Normalerweise schreibe ich kein Tagebuch, findet meine Generation mega-out. Ja, warum tue ich das? Gut, es sind lediglich Notizen darüber, wie die Grosseltern ticken, bloss ein Versuch, mit der alten Generation klarzukommen. Eine Art Entschleunigung. Ansonsten kann es nicht schnell genug gehen. Existiert überhaupt so etwas wie eine Tagebuch-Kompetenz? Kompetenzen sind das A und O, behaupten meine Lehrer.

Ich bin der einzige in meiner Klasse, soviel ich weiss, der ein Tagebuch schreibt. Vielleicht werde ich eines Tages Schriftsteller, falls das mit der Gitarre nicht klappt. Zupfe gelegentlich an ihr rum, wenn es Spass macht. Meine Grossmutter schreibt, seit sie ihre Rente geniesst, so satirische Sachen, weil sie viel weiss und über vieles nachdenkt, behauptet sie zumindest. Sie tut schampar kompetent.

Mai, später

Notiere, was mir durch den Kopf geht, von Hand auf Papier, obwohl ich eigentlich den ganzen Tag ausschliesslich digital funktioniere. Natürlich fehlt die Zeit, jeden Tag festzuhalten, was da läuft. Geht erst, wenn ich fertig bin mit „Whatsappen". Das mit dem Tagebuch dürfen meine Kollegen nie erfahren, mit denen quatsche ich über Internet. Die denken sonst, ich hab sie nicht alle. Wir sind eben den ganzen Tag online, surfen, gamen und chatten auf WhatsApp. Facebook, gut für AHV-

Teenager, wird langsam peinlich, obwohl ich da innert zwei Jahren 600 Freunde angesammelt habe. Die kenne ich zwar nur lose. Aber praktisch ist es schon, sich mit so vielen Leuten zu verbinden. Mit denen bleibe ich in Kontakt, zumindest theoretisch. Snapchat und Instagram bereiten jetzt viel mehr Spass. Wir leben halt im Moment.

Warum ich das notiere? Hat klar mit den Grosseltern zu tun. Die meckern immer wieder und werfen mir Online-Sucht vor. Von wegen Sucht. Die fitten manchmal eh gestört mit viel zu schweren Hanteln. Nach dreimal Tennis pro Woche stöhnen sie, weil ihnen alles weh tut.

Mai, noch später

Dieses Tagebuch zu schreiben, ist echt mühsam. Ich möchte das einfach mal ausprobieren, sozusagen eintauchen in frühere Zeiten, als meine Grosseltern jung waren und alles furchtbar langsam dahinplätscherte. Halte nur so lange durch, wie es mir Spass macht. Nur wenn etwas interessiert, kann es Spass machen. Auf diese Art und Weise funktioniert auch die Schule heute. Und nur wenn es Spass macht, interessiert es auch. Das mit der Handschrift ist eh so eine Sache. Für die habe ich noch nie Lob geerntet, was eh keine Rolle spielt. Schliesslich leben wir Jungen digital. Meine Eltern haben noch Schnürlischrift gepaukt. Meine Omi und mein Opa sowieso. Ich bin der einzige, der Omis Gekritzel lesen kann, wenn sie nicht auf dem Computer tippt. Alles Striche. So geht's schneller sagt sie. Ha, ha, ha.

Letzte Woche Mai

Riesenstress mit den Grosseltern. Grosspapi bekam viele Falten auf der Stirne und die Stirne war voller Furchen wie ein frisch geackertes Feld. Huh. Weniger tippen, dafür mehr reden und Handy mal auf die Seite legen. Das, seine gloriose Idee! Ich hielt mutig dagegen: „Du bist total ungerecht. Und das ewige Telefonieren von dir und Grossmami nenn' ich auch nicht das Gelbe vom Ei." Da wurde er richtig rot und musste schmunzeln. Nun fühlte ich mich richtig stark: „Schau mal, Grosspapi, du findest doch deinen Computer auch mega-toll und planst deine Termine mit den Tenniskollegen über Doodle. Mit WhatsApp geht es über Gruppenchat noch schneller." Da wurde der Opi ganz neugierig. Ich hab ihm alles erklärt, ganz langsam, Schritt für Schritt, Schrittchen für Schrittchen. Der war dann sowas von froh, dass ich ihm WhatsApp eingerichtet habe. Er ist halt offen für Neues. Ich bin stolz auf ihn. Dafür versprach ich, auch mal eine Stunde ohne Chatten auszuhalten.

Juni

Seit ich ein bisschen weniger online bin, schreibe ich öfters ins Tagebuch. Jetzt aber auf dem Computer. Ich bin froh, dass wir Grosseltern haben. Sag ich ihnen natürlich nicht. Die Hälfte der Kinder in meiner Klasse sind Scheidungskinder. Das ist heutzutage normal. Doch Probleme haben sie schon. Viel Angst. Die meisten wohnen mit ihrer Mutter und, wenn sie haben, Geschwistern zusammen. Michi, mein bester Freund, meinte letzthin: „Wenn meine Grosseltern nicht wären, ich hätte schon längst alles hingeschmissen." Ja Grosseltern zu haben, schätzen wir. Wir diskutieren mit ihnen furchtbar gerne. Dann, wenn sie Zeit haben ...

1 Tag später

Gestern bin ich beim Gedanken „Zeit haben" stehen geblieben. Unsere Eltern arbeiten hart, trotzdem verbringen sie viel Zeit mit uns. Raum für Hobbys bleibt ihnen kaum. Auch bei Lisa – Lisa ist meine Schwester und ein Jahr jünger als ich – und mir ist die Agenda proppenvoll. Den Vogel schiessen klar die Grosseltern ab. Wie die stets auf Kurve sind: Tennis, Velofahren, Theater, Kabarett, Gartenarbeit, Einladungen, Musik spielen, stundenlang telefonieren und, und, und ... Uns Grosskindern halten sie vor, wir verzettelten uns in zu vielen Aktivitäten. Das ist nicht ehrlich. Voll daneben.

1 Tag später

Sie sind einfach nicht ehrlich. Erwachsene nerven gewaltig, wenn sie schummeln. Lisa findet das zum Beispiel voll krass, wenn Grossmami ihr vorwirft, sie sei markensüchtig. So was von scheinheilig. Lisa hat in Grossmamis Kleiderkästen – sie braucht nicht weniger als vier für all ihre Lieblingsstücke – jede Menge Outfits mit sehr teuren Marken entdeckt. Von den zwei grossen Schuhgestellen reden wir lieber nicht. Auch das Grossmami will eben hip sein und lechzt nach Anerkennung. Grosspapa trägt ausschliesslich Lacoste-Pullover und -Hemden. Grossmami will das.

PS: Seit Grossmami altershalber den Job als Managerin aufgegeben hat, kauft sie ihre Marken-Klamotten im Secondhand-Shop ein. Da guck mal einer an. Der Versuchung kann sie nach wie vor nicht widerstehen. Von wegen markensüchtig.

PPSS: „Nimm endlich mal die Stöpsel aus den Ohren", fauchte das Grossmami erst gestern. Dass sie sich den ganzen Tag von Radio Swiss Jazz berieseln lässt, merkt die wohl kaum mehr.

Eine Woche später

Fast hätte ich Wichtiges verpasst, weil ich jetzt weniger chatte. Über Kleider und so habe ich lange mit Lisa diskutiert. Sie war echt sauer: „Will ich Markenkleider, meckert das Grossmami, laufe ich flippig rum, ist's auch nicht recht. Da guck mal einer die alten Fotos der Grosseltern an: Opi der Langhaardackel mit Beatles-Frisur, Omi mit bauchfreiem Top und ausgefransten Jeans. Also so würden wir nie rumlaufen." Recht hat sie, die Lisa.

August

Letzten Monat habe ich nebst Schule nur „gewhatsapped", weil Ferien ohne Handy-Empfang und so vor der Tür. Im Prinzip finde ich es ganz schön, wenn unsere Familie Zeit miteinander verbringt. Jetzt haben wir die ganze Sippe – meine Schwester, ich, meine Eltern und meine Grosseltern väterlicherseits – in den Bergen zusammen Ferien verbracht. Alle sechs in einem grossen Chalet. Schon gewöhnungsbedürftig und voll krass, da kein Handyempfang. Wir sind alle zusammen gewandert. Als meine Schwester, ich und meine Eltern auf der Alp ankamen, warteten die Grosseltern schon während einer Stunde auf uns. Klar, mit dem

Grosspapi noch schneller als das Grossmami – mit Motörli.

Mountain-E-Bike mit Motörli geht's schneller. Den Grosspapi schmerzen halt die Knie, Arthrose pur. Auch Papi klagt über Verschleisserscheinungen wegen dem Fussball. Mein rechtes

Grossmami saust 500 Meter den Berg hinauf – mit Motörli.

Verdiente Pause

Knie ist leider auch instabil wegen einem Kreuzbandriss beim Fussball. Leichtathletik musste ich wegen meinem kaputten Meniskus schon längst aufgeben. Lisa hat beim Handball die Schulter kaputt gemacht.

August, später

Zurück aus den Ferien. Gott sei Dank wieder online. War eben doch Frust totale, so ohne Handy und Internet. Sitzen wieder stundenlang in der Schule und Spass macht es auch nicht immer, obwohl wir ganz viele Kompetenzen lernen. Die anderen Grosseltern sind gerade zu Besuch mit unsern zwei Cousins. Die wohnen ansonsten in Kanada in Quebec. Eigentlich freuten wir uns. Leider können wir uns mit ihnen weder auf Englisch noch auf Französisch unterhalten, obwohl wir beides schon seit Jahren in der Schule lernen. Wir kennen einfach zu wenig Wörtli. Aber Wörtli pauken kommt nicht in die Tüte.

PS: Die Grosseltern, die ganz in der Nähe wohnen, wurden stinkesauer, als wir das vom Französisch und Englisch gekötzerlet hatten. Jetzt wollen sie mit uns pauken – Mami und Papi sind total einverstanden. Sonst wird's nichts mit dem Gymi. Da wollen wir unbedingt hin. Die Alten sind schon sehr ehrgeizig.

August, noch später

Meine Schwester wurde letzten Montag 13, in zwei Tagen feiern wir meinen 14. Geburtstag. Wir sind beide schon sehr erwachsen, weil wir eine Kompetenzschule besuchen. So nennen wir unsere Schule, weil wir vor allem Kompetenzen lernen. Keine blöden Franz- und Englischwörtli. Dass unsere Eltern das Leben so gut meistern und erst noch die Grosseltern, obwohl sie über keinen Kompetenz-Schulabschluss verfügen, wundert uns gewaltig. Kompetenzdefizite haben sie schon. Frag sie mal nach Snapchat.

Zwei Tage später

Fragte das Grossmami, warum Trump in Amerika als Präsident gewählt wurde. Der sei doch nicht zurechnungsfähig und überhaupt. Das supergescheite Grossmami wusste auch nicht weiter. Das war mein Moment. „Siehst du", strahlte ich, „genau darum haben wir heute Kompetenzschulen. Und wer Defizite hat, bekommt pädagogische Unterstützung. Hätten Pädagogen Trump rechtzeitig therapiert, würde er nicht derart bedeppert irrlichtern." Da wusste das Grossmami auch nicht mehr weiter. Obwohl sie immer super klug tut.

September

Wir, die ganze Sippe, kommen gerade vom Rolling Stones-Konzert in Zürich zurück. Meine Grosseltern fuhren voll ab. Die Stones heizen mega-stark ein und etliche Jugendliche johlten sich in Ekstase. Und wie die Alten mitrockten. „Das ist ja noch viel geiler als vor fünfzig Jahren", schrie das Grossmami. Es war eben krass laut, darum musste sie schreien. Ein Frontman und Gitarrist wie Mike Jagger, das möchte ich auch einmal werden. Die Grosseltern sind voll in Ordnung.

Mitte September

Wenn wir mit den Grosseltern über unsere Kompetenzschule diskutieren, lächeln die immer so süffisant. Gut, das Beispiel mit dem Schwimmen finden auch wir komisch. Lange Zeit wussten wir nicht, ob wir mit unserem Lieblingslehrer noch schwimmen gehen dürfen. Ihm fehlt das Brevet „Rettungsschwimmen" und somit eine wichtige Kompetenz. Das fanden wir dann doch übertrieben. Weder unsere Eltern noch unsere Grosseltern besitzen solch ein Brevet. Sie meinen, da genüge doch der gesunde Menschenverstand. Zu dieser Einsicht kam dann auch das Amt. Es betont jetzt, das Brevet für Wassersicherheit sei bloss als Empfehlung zu verstehen.

Viele Kompetenzen, vor allem die überfachlichen, die wir lernen, klingen cool. Selbstreflexion, Selbständigkeit, Eigenständigkeit – alles Lebensbewältigungskompetenzen, wo wir Ziel und Werte reflektieren. Ich habe das für mich am Beispiel Rauchen ausprobiert: In unserer Klasse pafft beinahe niemand mehr. Glimmstängel sind verschrien als uncool. Viele Menschen haben sowieso dem Rauchen abgeschworen. Aber was jetzt abläuft, nervt gewaltig. Als „Nicht-Süchtige" werden wir total diskriminiert. Bis vor zehn Jahren gehörte den Abstinenten praktisch die gesamte frische Luft, hat man uns gesagt. Ein paar Wölkchen im Freien störten kaum. Die Süchtigen frönten ihrem Laster päckchenweise in rauchgeschwängerter Bar-Luft. Willst du frische Luft heute, dann bleibe am besten schön drinnen ... Grossmami wollte partout nicht darüber reden. Klar, raucht ja selbst. Grosspapi und die Zigarren. Lassen wir das.

Eine Woche später

Wenn ich von Kompetenzen schwärme – ich rede nur von den überfachlichen, weil die Spass machen – grinst der Opi und schwafelt vom gesunden Menschenverstand. Der genüge vollkommen. Das lassen Lisa und ich nicht auf uns sitzen. Wir verwickelten ihn in eine lange Diskussion: „Warum haben ganz viele Erwachsene Diabetes? Klar, weil sie nicht auf die Ernährung achten. Warum einen zu hohen Cholesterinspiegel? Weil sie nicht auf die Ernährung achten. Warum können sie einander nicht zuhören und alle schwatzen durcheinander?" Opi kam ins Schwitzen und musste plötzlich auf den Tennisplatz.

Lisa sagte zu mir: „Du, ich glaube, wir müssten mal einen Kompetenz-Lehrplan für Erwachsene aufstellen!"

Oktober

Mit den Grosseltern haben wir es oft lustig. Die lachen fürs Leben gerne und finden uns eh toll, sogar wenn wir uns total danebenbenehmen. Heute war der ideale Moment, sie auf die Schippe zu nehmen. Sie stellten wieder mal ihre Lieblingsfragen: „Nun, wie steht ihr in der Schule, wie sind die Noten?" Lisa und ich machten ein todtrauriges Gesicht: „Nicht böse sein, Omi und Opi, eventuell werden wir beide die Klasse wiederholen müssen." Da waren sie hell entsetzt und sparten einmal mehr nicht mit guten Ratschlägen. Lisa und ich sagten lachend: „Wir wollten schlicht mal ausprobieren, wie die Kompetenz ‚Sitzen bleiben' ankommt."

Oktober, später

Dass der gesunde Menschenverstand auch nicht alles ist, wurmt den Grosspapi. Und was ein kranker Menschenverstand ist, konnte er auch nicht erklären. Dann nahm er den Philosophen Kant zu Hilfe, den er noch nie verstanden hatte und verhedderte sich saumässig. „Siehste", meinte ich, „mit den richtigen Kompetenzen wäre alles klar."

Dezember

Zu Weihnachten haben Lisa und ich uns eine Drohne und einen Roboter gewünscht. Ich will Päcklipostbote werden und Lisa Lokführerin. Beide Berufe braucht es bald nicht mehr, Drohnen und Roboter erledigen den ganzen Kram. Intelligente Arbeitslosigkeit.
  PS: Digital zu funktionieren, heisst nichts anderes als überleben. Den Erwachsenen macht die Digitalisierung furchtbar Angst. Papi und Mami fürchten um ihre Jobs. Müssen sie auch. Lisa und ich sind viel cleverer. Arbeitslosigkeit für Gescheite mit Kompetenzen.

Mitte Dezember

Es weihnachtet. Dieses Tagebuch bringt uns unseren Grosseltern sehr nahe. Meist verstehen wir uns prächtig. Heute sitzen wir wieder mal die ganze Sippe zusammen beim Nachtessen. Lisa und ich behaupten, dass wir viel schneller erwachsen würden als alle Generationen zuvor, weil eben die Welt sich immer schneller verändert. „In welchem Alter konntet ihr laufen und sprechen?", wollten wir von den Grosseltern wissen. Jetzt sind wir echt enttäuscht, da beide jünger als ich und Lisa waren, als sie schon laufen und plappern konnten. Sie waren gut drei Monate früher so weit als wir. Nervt gewaltig.

Generationen reden verschieden und handeln gleich.

(Carl Ludwig von Haller, 1768-1854,
Schweizer Staatstheoretiker und Politiker, Professor für Staatsrecht).

Wenn Anstand mächtig schockiert

„Das war falsch von dir", meinte mein Bekannter zu Evi und grinste sie hämisch an, als sie aufgeregt diese Geschichte erzählte: „Stell dir vor, was mir und meinem Mann am Fasnachtsdienstag passiert ist. Ungeheuerlich! So richtig vergnügte Stunden lagen hinter uns, erst die wunderschöne Laternenausstellung[1], dann das tolle „Guggenkonzert". Wenn nur das Chassis nicht so geschmerzt hätte. Der vierstündige Tennismatch vom Vortag, die drei Stunden im Fitnesscenter und das Intervall-Jogging, alles in der gleichen Woche, was waren wir müde. Würden wir natürlich nie zugeben.

Erschöpft lassen wir uns vor dem „Küchlin" zu einem Schlummerbecher nieder. Ah, das tut gut. Frisch gestärkt geht's dann Richtung Markthalle. Die steifen Gelenke wieder in Bewegung zu setzen, tat höllisch weh. Was soll's! Wir sind Mitglied einer dynamischen Seniorengruppe und fitten auf Teufel komm raus, stets in Begleitung von Voltaren. Neuste Errungenschaft: schnelles E-Bike. Das Tram 6 Richtung Allschwil ist voll wie zu Stosszeiten. Und schon bietet mir ein Herr – viel jünger als ich war der nicht, höchstens 20 Jahre – seinen Platz an. Ich lehne dankend ab, innerlich stocksauer. Eine junge Frau wendet sich mit gleichem Angebot an meinen Mann. Natürlich lehnt er ab und schon landet die Frau bei mir. Dankend sage auch ich ‚Nein', vergesse die Schmerzen, lächle fit-dynamisch."

Was sagte mein Bekannter zu Evi? „Siehste, irgendwann hängt es den Jungen aus, den Alten anstandshalber Platz zu machen. Es ist wie mit Peter und dem Wolf. Als der Wolf wirklich kam, eilte Peter niemand mehr zu Hilfe. Zu oft hatte er die Helfer genarrt." Evi ist so alt wie ich, wir fitten regelmässig zusammen.

(AWB, 7.4.2017)

[1] Anlässlich der Basler Fasnacht findet jeweils von Montagabend bis Mittwochmorgen auf dem Münsterplatz die Laternenausstellung statt.

LOCH, LÖCHRIGER, AM LÖCHRIGSTEN

Die Knopflochtheorie

Postkartenblauer Himmel, in einiger Entfernung das Rauschen der Bäche. Sie führen viel Wasser, da es wiederholt kräftig geregnet hat. Wasser im Überfluss, seit Jahrhunderten. Was geht, kommt nach. Kostbares Nass suhlt sich im ökologischen Gleichgewicht. Auf vielen Bergflanken glitzern kecke, unschuldig weisse Flecken. Paradiesisch! Steinböckleinleicht geht's eine steile mit Kuhfladen mosaikähnlich bedeckte Bergwiese hinunter. Hopps, schon steckt mein linker Fuss in einem Loch fest. Wäre ich nur ein Murmeltier! Bei Gefahr ein kurzer, schriller Pfiff des „Wachmanns", flugs verschwinden die munteren Alpenbewohner in ihren Löchern. In ihrem Bau sind sie sicher. Mein Fuss gehört definitiv nicht in ein „Murmeliloch". Ja, wenn der Fuss nicht zum Loch respektive das Loch nicht zum Fuss passt, wird's ungemütlich. Mein Fuss schmerzt – und – das darf doch nicht sein, meldet sich ein leises Pochen im Kiefer oben rechts. Der Vierer natürlich. Das nächste Loch.

Loch ist also nicht gleich Loch, ist im Prinzip immer da, wo nichts ist. Murmeli und Maus in Sicherheit mal ausgenommen. Entspricht ein Loch dem Nichts? Die Mehrzahl von Loch heisst übrigens Löcher. Das Adjektiv löchrig besitzt Steigerungsmöglichkeiten von löchriger bis am löchrigsten. Wenn Sie mich fragen, keine schönen Wörter. „Nichtser" wäre die Mehrzahl von nichts, existiert so wenig wie die Steigerungsform „nichtsiger". Das ist tröstlich. Die Folgen von Loch hingegen besitzen durchaus Steigerungspotential. Schon ein kleines Loch zu stopfen, kommt eventuell teuer zu stehen, teurer logischerweise das grössere, am teuersten wird das Stopfen, so man zu lange gewartet hat. Ich denke gerade an meinen Zahnarzt. Der Vierer oben rechts, Sie wissen.

Der Reiz der Löcher

Im Gegensatz zum Wort Loch, das oft sehr negativ behaftet, entführen Begriffe wie Wohlstand, Sicherheit, Solidarität stets ins zuversichtlich Hoffnungsvolle. Wir wollen den Löchern aber nicht unrecht tun. Manchmal haben sie durchaus ihren Reiz, so der Emmentaler Käse mit seinen zahlreichen, verwinkelten Löchern. Er ist ein grosslöchriger Käse, symbolträchtig vermag er gar die Schweiz zu repräsentieren. In reinstem Emmentaler Look, Löcher wohin das Auge blickt – man will ja nicht klecksen – eröffnet Bundesrätin Doris Leuthard im Juni 2016 den neuen Gotthard Basistunnel. Ein wahrlich europahistorischer Paukenschlag.

Viele beurteilen ihr trapezförmiges Kleid zwar schlicht als Käse. Für einen kurzen Moment hält die ganze Welt inne und starrt ungläubig auf den Nabel. Eine illustre Gästeschar ist angereist, begleitet von einem internationalen Medientross. Adolf Ogi, vormaliger Verkehrsminister, schmettert wie gewohnt sein „Freude herrscht" in die Runde. Bedächtig-eloquent-clownesk bemüht sich Bundespräsident Johann Schneider-Ammann um den liechtensteinischen Regierungschef Adrian Hasler, den österreichischen Bundeskanzler Christian Kern, den italienischen Premier Matteo Renzi. Vor allem natürlich um die deutsche Bundeskanzlerin Angela Merkel mit dem französischen Präsidenten François Hollande im Schlepptau. Angela, der Willkommensengel aller Menschen, im prinzipientreuen blauen Blazer, bewundert scheinheilig das neuste Glanzstück der Schweiz. Sie weiss haargenau: Es fehlen Bahnanschlüsse auf deutscher Seite. Wie das bezahlen? Mit welchem Geld die vielen Schlaglöcher auf den Strassen stopfen? Zudem warten rund 7 Millionen Hartz-IV-Empfänger sowie 3 Millionen Arbeitslose vergeblich auf einen Platz im neuen Regierungsprogramm. Auch im 2017, doch 7 Euro zusätzlich winken den abgehängten Hartzern im 2018. Das Experiment EU kostet. Das ist ärgerlich. Angi zurrt den ohnehin zu engen Blazer noch fester, ihre Marionettenfalten zwischen Mundwinkel und Kinn graben sich tief und tiefer. Nur mit Mühe verkneift sie sich ein „Wir schaffen das". Sie lässt es bleiben, man könnte sie wieder falsch verstehen. Nett kommen später ihre Worte daher, unverbindlich wie immer. Sie wartet ab. Übrigens schickte die EU bezeichnenderweise keine Vertreter. Solch eine Schweizer Monopolstellung für die Eisenbahnverbindung von den Häfen Rotterdam und Antwerpen bis weit in den Süden passt weder der EU noch Deutschland, welches das Sagen hat. Sie favorisieren selbstverständlich den Brenner Basistunnel als Nord-Süd-Transversale. – Brenzlige Situation. Haben wir den neuen Tunnel für die Katz gebaut?

Denkste. Die Schweiz jubiliert, als gäbe es kein Morgen. Schweineteuer zu stehen kommt es zwar, dieses horizontale Loch mit 12,2 Mrd., dafür mit 57,1 km längster Eisenbahntunnel der Welt. Bis er vom Brenner Basistunnel mit einer Länge von 64 km im 2026 getoppt werden wird. Schon blöd, kommt Zeit, kommt Rat. Die Anschlüsse zum Österreicher Tunnel erfordern ja, wie man hört, weitere zehn Jahre. Nichtsdestotrotz, unser Tunnel ist und bleibt ein gigantisches Wunderwerk der Technik dank grossem Loch in der Kasse, imagemässig von unschätzbarem Wert mit eventuell unschätzbaren Wertschöpfungsmöglichkeiten, falls die EU einmal mitspielt. Bereits heute freuen wir uns über verkürzte Reisezeiten von 30 bis 33 Minuten auf der Strecke Basel-Lugano respektive Zürich-Lugano, weitere Minuten-Zugewinne sollen dazukommen. Des Weiteren spricht man zuversichtlich von neuen Arbeitsplätzen. Schade nur, dass uns eine Studie gewaltig in die Suppe spuckt. „Das Verfassungsziel, dass jährlich 650 000 Lastwagen auf die Schiene umgelagert werden, kann aus diversen Gründen nicht erreicht werden", steht schwarz auf weiss. Der BAV-Direktor Dr. Peter Füglistaler (BAV, Bundesamt für Verkehr) sieht trotzdem ermutigende Zeichen und meint ein Frühling des Schienengüterverkehrs stehe vor der Tür. Es stimmt, Güterverkehr zieht auch in den Nachbarländern an, den Nutzniessern der aktuellen Schweizer Investitionen. Das tönt mal ermutigend. Die EU-Pläne nimmt in der Schweiz wohl niemand zur Kenntnis.

Und laut melden sich die Gotthardverräter zu Worte. Mit erhobenem Zeigefinger mahnt der frühere SP-Präsident Peter Bodenmann: „Der Gotthard-Basistunnel ist ein Super-Loch, in das wir unglaublich viel Geld buttern." In nur zehn Jahren sorge die Digitalisierung für eine Verkehrsrevolution. Wird der längste Eisenbahntunnel der Welt zur Investitionsruine? Das soll einer verstehen. Prof. Dr. Reiner Eichenberger meint, dass Bahntrassen einst Autobahnen weichen: „Die SBB wird zu einer Strassenbetreiberin und der Steuerzahler spart massiv Geld, da der hoch defizitäre Schienenverkehr überflüssig wird." Wenn das stimmt! Zumindest ist und bleibt der Gotthard Basistunnel, da komme, was wolle, ein erfolgreiches innerschweizerisches Integrationsprojekt. „Der Zusammenhalt der Schweiz wird gefestigt", meint diesbezüglich grossäugig unsere Doris (gemeint Bundesrätin Doris Leuthard). Anscheinend zögern die Chinesen, der SBB ein Übernahmeangebot zu unterbreiten. Warum? Vielleicht, weil sie langfristig denken? Vielleicht weil sie das Brenner-Projekt kennen? Wir, wir ganz allein müssen sie drum ertragen, die ungesicherte Zukunft. Aber während ein paar Jahren gehört der historische Glanz uns ganz allein. Was kümmert da schon Geld. Schliesslich kosten olympische Spiele ebenfalls, der Glanz der Erinnerung bleibt. Das nur so nebenbei.

Segensreiche Löcher

Wird sich der Gotthardbasis-Tunnel einmal rechnen? Vielleicht, vielleicht nicht, wer weiss, oft bleibt wenig zurück. Schon mancher segensvolle Fortschritt hat ein gigantisches Loch in die Kasse gerissen. Man sollte den Segen nie überschätzen. Mit offenen Augen sahen wir es kommen. Jetzt ist die Situation wirklich schlimm, doch nicht so schlimm wie schlimmer, am schlimmsten oder am löchrigsten. Zwar fehlen Milliarden pro Jahr allein in der AHV. Doch bitte keine Panik, es gibt weit Einschneidenderes: Fuss auf Alpweide verstauchen, teures Loch im Zahn, Handy-Akku leer, Fleisch angebrannt, Superschnäppchen verpasst. Die Welt ist voller Tücken und unsere Altersvorsorge auf neue Beine zu stellen, ruft Urängste hervor. Ja wir haben uns daran gewöhnt, Steuergelder in die maroden Kässeli von AHV und IV zu verschieben. Der schwarze Peter hüpft freudig im Kreis herum. Die einzelnen „Töpfli", freudeidgenössisch untereinander verbunden, schieben auch. Zum Schluss stimmt die solidarisierte Buchhaltung immer. Es ist wie Magie, magischer Zauber, fast ein Rätsel. Das Ganze grenzt an ein Wunder, obwohl Lourdes nicht in der Schweiz liegt. Sei's wie es will, noch immer tanzt die Schweiz den Sirtaki, die potemkinsche Fassade glänzt. Und die in Stein gemeisselte Solidarität ist unser Garant, der Trumpf der Rentner. Sie sterben nicht aus, es werden ihrer immer mehr. Sie leben gesünder, sie leben länger und die Vorsorgelöcher werden zu Kratern und den Kratern fehlt der Boden.

2017 hat das Volk die Vorlage zur Altersreform 2020 abgelehnt. Eine jede, ein jeder aus ganz persönlichen Gründen.

Übrigens: Das Ozonloch schliesst sich, zwar langsam, aber es schliesst sich, obwohl die Menschheit herzlich wenig dazu beiträgt. Verlieren wir nicht die Hoffnung und halten es wie unsere Schweizerische Nationalbank SNB, das Symbol schlechthin für Stabilität, erhaben wie der Granit im Gotthardmassiv. Sogar in Zeiten, in denen das ganze Eigenkapital mit Devisenkäufen verpufft, kann sie beliebig Geld schaffen. Vor allem bleibt ihr wichtigstes Kapital: Das Vertrauen in ihre Stabilität. Was kümmern uns da ein paar Löcher mehr oder weniger!

Letzthin habe ich schlecht geträumt: Ich verstauchte meinen Fuss auf einer Kuhweide, blieb hoffnungslos in einem Kuhloch stecken, der Fuss schmerzt. Sowas passiert, wenn Löcher nicht passen. Knopflochtheorie.

Murmeli leben nach der Knopfloch-Theorie.

Wie es euch gefällt!

Ich mag Komödien. Wussten Sie, dass Komödien und Tragödien gleichen Ursprungs sind? Zudem aufs Engste verbandelt mit dem Drama? Schon verrückt, wie das eine mit dem andern zusammenhängt, verschmilzt, geradezu darin aufgeht. Alles findet da sein Plätzchen. Man springt sich an die Kehle, vertauscht die Rollen, täuscht. Intrigen bringen Salz in die Suppe.

Auch im realen Leben. Die Unternehmenssteuerreform III zum Beispiel brachte es jüngst auf die Bühne der komischen Theaterstücke. Die Befürworter votierten für ein herzhaftes ‚Ja', obwohl sogar ihnen, weil alles viel zu kompliziert, die Durchsicht fehlte. Trotzdem standen sie immer voll dahinter. Als weiteres Lustspiel wäre der „Lehrplan 21" zu nennen. Seit Jahren wird er stets von neuem in den Spielplan aufgenommen, sorgt diese Tragödie doch stets für ein volles Haus. Da wird kompetent gelogen, dass die Balken sich biegen. Schliesslich soll die Schule sich zu einer Kompetenz-Anstalt mausern. Die Protagonisten führen sich auf wie Landvögte, die ehemals freien Bauern, verkleidet als Lehrer, ächzen unter den neuen Lasten. Die Schüler als moderne Leibeigene wollen bloss ihren Spass. Kein Besucher dieses Theaters verlässt emotionslos den Ort des Geschehens. Im Winterspielplan 2017/2018 figuriert neu das Epos „Altersreform". Eine raffinierte Aufführung für Jung und Alt. Und als grosse Überraschung werden Text sowie musikalische Einlagen, gespielt von einer Luzerner Guggenmusik, stets neuen Gegebenheiten angepasst. Es lohnt sich, die Aufführung mehrere Male zu geniessen.

Auf der realen Theaterbühne ist der Spuk jeweils nach zwei, drei Stunden vorbei. Und: Komödien enden meist glücklich. Das stimmt tröstlich.

(AWB, 24.2.2017)

EIER UND SPERMIEN IM KÜHLFACH

Aus uns könnte was werden

Skizze für ein Spiel in drei Akten
Wir befinden uns im Lager Social Freezing[1] für Eier[2], Spermien und Embryonen[3]. Sie alle dürfen nicht länger in der Klinik für Fortpflanzung bleiben, da der Zeitpunkt für ihren Einsatz als ungewiss gilt. Die Spermien ruhen in kleinen Plastikröhrchen und darüber hinaus wie die Eier und Embryonen in grossen Tanks aus Edelstahl. Das Orchester spielt, Peter Kraus rockt zu „Sugar, Sugar Baby". Entsprechend ausgelassen die Stimmung.

Lagerleitung: Hallo, ihr lieben Eier, Spermien, Embryonen, ein halbes Jahr schon bei uns. Damit die Lagerbedingungen den Bedürfnissen entsprechen, haben wir euch fürsorglich in Stickstoff bei minus 196 Grad eingebettet. Nun, wie geht es uns heute? Gut und ausgiebig geruht, zufrieden und wohlauf?

Eier im Chor: Schöner könnte es nicht sein. Blumen, eben erblüht, blinzeln uns zu. Junge Blätter schaukeln im Morgenwind. Bergbächlein springen übermütig den Felsen hinunter. Frühlingserwachen. Wir brezeln uns auf, schwingen unsre Hüften und huldigen mit Hip-Hop der unendlichen Fruchtbarkeit. Bald kommt der grosse Moment, uns in innigster Umarmung mit kräftigen Spermien zu vereinen.

Spermien: Hört, hört, die Fete geht los. Die Mädels bieten sich schamlos an. Laszive Weiber. Schön sehen sie aus in ihren knappen Hotpants und Minijupes. Herrlich angerichtet für uns Mannen. Wohlan, sprinten wir zu unserem biologischen Ziel. Packen wir, was uns von Natur aus zusteht!

Lagerleitung: Langsam, langsam, Kinder. Ihr stellt euch die Paarung allzu romantisch vor. Von Bumsen und Vögeln war nie die Rede. Sogar den Quickie müsst ihr euch aus dem Kopf schlagen. So schnell wird weder geschossen, umarmt, geschweige denn kopuliert. Kinderwunsch liegt weder in den Händen der Natur noch in eurer Macht. Wenn der Zeitpunkt

nicht stimmt, lässt keine Frau auch nur ein einziges Sperma an ihre Eier ran. Fragen wir die Embryonen. Sie wissen aus eigener Erfahrung, was auf der Liebeswiese passiert. Hallo, Embryonen, erzählt mal.

Embryonen: Arme Eier, ihr „giggerigen" Spermien. Falls ihr je zum Zuge kommt, vergesst am besten alle bisherigen Träume. Sex findet einzig und allein in der Petrischale, im klinisch sauberen Labor für Experimente statt. Aber ...

Eier und Spermien im Chor: Oh nein, oh nein. In der Natur gefällt es uns viel besser. Wir wollen unseren unwiderstehlichen Sexappeal in freier Wildbahn ausleben. Wie kann man da mit dem Labor drohen. Überhaupt ...

Embryonen: Stopp, stopp. Ihr übertreibt. Weinen und Murren bringen nichts. Bedenkt, was alles im natürlichen Leben schiefgeht. Heerscharen von Spermien werden unter der Hand verschleudert und die Eier-Reserven der Frau schwinden schneller als ihre Karriere glückt. Aber ihr seid die Auserwählten, ihr geniesst die neusten medizinisch-technischen Entwicklungen, falls, ja falls ... Lassen wir das. Ihr wollt wissen, wie man in das Stadium Embryo kommt? Also: Man nehme zwei Pipetten, ein gesundes, junges Ei und ein gesundes, kräftiges Spermium. Eine Pipette fixiert das Ei, damit es nicht wegrutscht, die andere spritzt das Spermium. Das wars dann schon. Beinahe ein Quickie. Was später kommt, wissen wir auch nicht genau.

Spermien: Da müssen wir klar protestieren. Dicht gedrängt warten unsere Regimenter hoffnungsvoll in den Röhrchen. Wenn nur ein Spermium ausgewählt wird, was passiert mit den anderen?

Lagerleitung: Beruhigt euch. Vielleicht kommt eure Zeit einmal. Manchmal dürfen sogar Millionen für die spontane Befruchtung gleichzeitig an den Start. Der schnellste, der beste Schwimmer in der Petrischale schafft's. Wo liegt das Problem? Wir hätscheln euch doch. Nicht aufgeben, durchhalten!

Eier: Eine Schwester von uns durfte letzthin in eine Petrischale umziehen. Und wir? Wir ...

Lagerleitung (unterbricht): Nicht so hitzig, es gilt das Gleiche wie für eure Brüderchen, die Spermien. Wir umsorgen euch liebevoll bei garantierten minus 196 Grad. Mädels, tanzt weiter.

EIN JAHR SPÄTER

Elvis Presley schluchzt „My baby left me". Die Stimmung könnte gedrückter nicht sein.

Lagerleitung: Hallo, alle zusammen. Wo brennt's? Ich höre euch weder singen noch plappern. Euch fehlt es hoffentlich an nichts?

Eier, Spermien, Embryonen im Chor: Wir kommen uns vor wie bestellt und nicht abgeholt. Hat man uns vergessen? Was, was ist passiert?

Lagerleitung: Langsam, langsam Kinder. Ihr müsst wissen: Es ist immer der Mensch, der denkt, und es ist immer der Mensch, der lenkt. Gott hat zwar sieben Tage lang geschuftet, an vieles hat er offensichtlich nicht gedacht. Ihm fehlte schlicht das Vorstellungsvermögen. Nur der Mensch kann die Schöpfung vollenden. Wartet ab, es kommt gut. Die Lagerleitung dankt euch auf jeden Fall, dass ihr eure Zeit hier verbringt. Ohne euch, ohne euer Geld, es gäbe unser renommiertes Stickstoff-Lager nicht. Wir werden euch nie im Stich lassen. Wir lagern euch bis in alle Ewigkeit. Ehrenwort. Wer weiss, vielleicht, vielleicht ruft irgendwann die Petrischale.

Jetzt aber Schluss mit euren kleinkarierten Fragen. Wichtiges müssen wir euch heute mitteilen:
- Bei den Embryonen der Familie „Zeitpunkt Kind ideal" konnten zwei der drei Embryonen erfolgreich der Frau eingepflanzt werden. Das dritte konservieren wir für alle Eventualitäten.
- Bei der Familie „Die Hoffnung stirbt zuletzt" blicken wir einer schwierigen Situation ins Auge. Die Eheleute trennen sich endgültig. Streiten sich erbittert um ihre

Besitztümer, die Villa, die Möbel, die kostbare Bildersammlung, den Ferrari, das Ferienhaus ...

Eier, Spermien, Embryonen (unterbrechen aufgeregt): Oh, wie schade. Bei Eltern in solch einer Umgebung würden wir gerne einmal unsere Kindheit geniessen ...

Lagerleitung (unterbricht): Seid nicht immer so vorwitzig. Was mit euch passiert – geregelt ist das noch lange nicht. Der Fall, von dem ich gerade erzähle, entwickelt sich äusserst tragisch: Sie, die Frau, will die Embryonen zerstören lassen, da die Eier schliesslich von ihr stammen. Der zukünftige Ex als Spermienspender besteht darauf, die Embryonen zu behalten. Dieser Rosenkrieg scheint unvermeidbar. Ausgang höchst ungewiss.

Ich habe weitere Nachrichten:

Bei der Familie „Recht der Witwe" hat die Frau, deren Mann leider verstorben ist, vor Gericht ihr Recht erstritten. Damit die Witwe das Embryo austragen kann, reist sie allerdings nach Polen. Hat was mit unterschiedlichen Gesetzen zu tun, weil nicht in jedem Land alles erlaubt ist.

Mehr News für die Embryonen später, versprochen. Jetzt sind die anderen an der Reihe, die Eier und Spermien.

Hallo, hallo. Geht's noch ihr Jungspunde, hört auf, Radau zu machen, sonst kann ich euch nie und nimmer weiterempfehlen. Zuerst die Eierchen. Was plagt euch?

Eier: Weihnachten, Geburtstag, Weihnachten, Geburtstag, der Zahn der Zeit nagt. Wir verwelken wie alte Jungfern, denen jedes Spermium Angst einflösst. Wir wollen uns bloss mit attraktiven Spermien vereinen. Wer interessiert sich später für uns?

Lagerleitung: Eure Sorgen in Gottes Ohr, übertreibt nicht. Ich habe euch schon hundertmal erklärt, dass ihr gleich jung bleibt, wie ihr zu uns gekommen seid. Bei der Eier-Ernte zählte eure Spenderin gerade mal 25 Jahre. Seither altert sie dahin, ihr aber bleibt jung, knackig und unverbraucht. Es eilt wirklich nicht. Vergesst vor allem eines nicht, ihr hormonell aufgemotzten Eierchen: Ihr allein gehört zu den Auserwählten, die nicht in den monatlichen Tampons enden.

Spermien: Und wir, und wir! Wann beginnt der Eiertanz? Wir sind schliesslich die Herren der Schöpfung. Ob Frau und Ei wollen oder nicht, an uns kommen sie nicht vorbei.

Lagerleitung: Was soll dieses emotionale Getue! Was ich jetzt sage, gilt für Eierchen wie für Spermien: Ihr könnt euch glücklich schätzen. Bis heute hat die Roboterforschung für euch nämlich keinen Ersatz gefunden, die Zukunftsaussichten bleiben intakt. Ein Hoch drum auf die natürliche Natur.

Eier, Spermien im Chor: „Ein Hoch auf die Natur, es lebe die natürliche Natur!"

Lagerleitung: Gut so Kinder. Ihr gefällt mir. Gerade ist ein Mail gekommen. Oh je. Die künftige Mutter von „Embryo Estelle" ist leider vor gut einer Woche infolge ihrer fortgeschrittenen Alzheimererkrankung mit 65 Jahren gestorben.

Aber für „Embryo Yasmin" steht der Nistplatz demnächst bereit. Die künftige Mami stellt sich für eine Schwangerschaft selbst zur Verfügung. Bitte Applaus.

Embryonen, Eier, Spermien: Wow, wow, genial. Wir sollten der Mami von „Embryo Yasmin" ein nettes Dankeskärtli schreiben.

Lagerleitung: Das ist schön von euch. Weitere News: Die Spenderin der Eierfamilie „unbedingtes Mutterglück" findet einfach keinen Partner. Sie wird baldmöglichst eine Samenbank kontaktieren. Sie könnte sich vorstellen, auch als allein erziehende Mutter das Leben zu meistern.

Für Embryo „Wir können uns ein Kind leisten" steht endlich das notwendige Geld bereit. Seine künftigen Eltern können einen Kredit aufnehmen in Höhe der abbezahlten Küche (vgl. Film „Future Baby" [4]).

Eier, Spermien (ganz aufgeregt): Wow, so viele Möglichkeiten, wussten wir gar nicht. Aber zum Teil endet es trotz allem ganz schlimm. Und stimmt es, dass wenn wir das Kühlfach verlassen, nicht alle das Auftauen überleben?

Lagerleitung: Im Prinzip ja. Wir veranlassen jedoch alles menschlich Mögliche, dem vorzubeugen. Wie gesagt ...

Eier (unterbrechen die Lagerleitung, äusserst aufgeregt und laut): Bitte eine ehrliche Antwort. Wir haben gegoogelt.

Jetzt rast der Kopf Achterbahn. Im Internet vergleicht man uns mit Erdbeeren, da wir wie sie viel Wasser enthalten. Und Erdbeeren werden beim Auftauen matschig, das steht überall so. Wenn wir beim Auftauen ebenso matschig aussehen, ist der ganze Sexappeal futsch. Schneematsch, Erdbeermatsch, Eiermatsch. Oh nein, oh nein ...

Spermien *(mischen sich aufgebracht ein)*: Ganz schlimm, was wir beim Googeln entdeckt haben. Wenn wir den ganzen Tag einfach rumliegen, werden wir immer träger und unbeweglicher[5]. Das steht überall so. Unsere Männlichkeit, ja das ganze Universum steht auf dem Spiel. Schrecklich, schrecklich!

Lagerleitung: Eierchen, Spermien, nicht hyperventilieren. Ihr wollt doch nicht den teuren Stickstoff aufwärmen! Schon was von Frostschutzmittel gehört? Etwas Ähnliches bekommt ihr zusätzlich zum flüssigen Stickstoff. Ihr müsst euch das vorstellen wie Winterkonservierung von Schnellbootsmotoren. Nach dem Auftauen macht ihr dort weiter, wo ihr vor dem Konservieren stehen geblieben seid. Jetzt aber wartet ihr artig, bis das Labor ruft. Bis dahin seid ihr bei uns wohl und sicher. Eure Schockstarre überdauert garantiert jede Klimaerwärmung.

DREI JAHRE SPÄTER

Das letzte Lied vom Untergang der Titanic erklingt, schleppend wie traurig.

Eier *(resigniert)*: Poch, poch, poch. Ist da jemand oder sind wir, die Eier-Familien, allein zurückgeblieben? Lagerleitung, warum leben eigentlich in jeder Eierfamilie mindesten 20 Eier? Können Sie sich das Hickhack vorstellen, wer die Schönste, Gescheiteste, Attraktivste und überhaupt ist? Der reinste Zickenalltag. War das nötig?

Lagerleitung: Eierchen, Eierchen, ich will nicht mit Details langweilen. Tatsache ist, dass die Natur immer wieder dazwischenfunkt, was natürlich meist an den Spermien liegt, die in den ersten drei Jahren an Beweglichkeit einbüssen[6].

Zudem, auf viele Fragen hat man bisher keine Antwort gefunden, weil die Forschung zum „Future Baby" halt erst in den Anfängen steckt. Aber es tut sich immer mehr. Leihmütter sind der absolute Renner. Sie gehören jetzt zum festen Bestandteil des Kinderkriegens. Das Geschäft boomt regelrecht. Gerade mit Mexiko, wo Frauen, die Gutes tun wollen, regelrecht Schlange stehen. Vor allem alleinerziehende Mütter, die einen finanziellen Zustupf gut gebrauchen können. Leihmütter sind die ideale Lösung speziell für künftige Mamis, die keine Zeit und Lust auf eine Schwangerschaft haben.

Die Embryonen wollen was bemerken? Worum geht's?

Embryonen: Wir haben alle Gesetzbücher studiert. Nicht jedes Land erlaubt alles. Besteht nicht die Gefahr, dass zum Beispiel ein von einer mexikanischen Frau ausgetragener Embryo im Land der Eltern als „Sans Papier" gilt?

Lagerleitung: Bis jetzt sind uns keine „Sans Papier"-Babys bekannt. Für den Richter steht das Kindeswohl an erster Stelle. Gut, ich will nicht verheimlichen, der Weg zur Einbürgerung erweist sich als lang und schwierig.

Themawechsel: Ich habe vorhin erwähnt, dass die Forschung zum Thema „Future Baby" erst am Anfang steht und sich viel vorgenommen hat. Eben erreicht uns ein Video. Die führende britische Bioethikerin Anna Smajdor von der Universität East Anglia fordert selbstbewusst staatliche Gelder, um künstliche Gebärmütter und künstliche Aufzuchtstationen zu entwickeln. Eine Schwangerschaft sei barbarisch, meint Dr. Smajdor. Die wahre Gleichberechtigung zwischen Mann und Frau führt nach Ansicht der Wissenschaftlerin klar über Aufzuchtstationen. Unmissverständlich meint Dr. Smjador: „In einer wirklich liberalen Gesellschaft darf die Schwangerschaft und die Geburt eines Kindes nicht mehr toleriert werden." Embryonen, vertraut auf die Forschung, der Mensch wird es garantiert richten.

Eierchen, Spermien: Das finden wir krass ungerecht, die Embryonen so zu bevorzugen. Und uns vergisst man. Was nützt uns eine Plastik-Gebärmutter, was eine Baby-Aufzuchtstation, wenn die Petrischale uns vergisst?

Lagerleitung: Keine Bange. Auf euch Eierchen und Spermien wartet auf jeden Fall eine rosige Zukunft. Klappt's nicht mit der Petrischale, dürften viele der Forschung dienen. Im Prinzip hat die Schöpfung erst begonnen.

[1] Social Freezing bezeichnet das vorsorgliche Einfrieren von Eizellen, Spermien und Embryonen aus gesellschaftlichen, also nicht medizinischen Gründen.
[2] Das Wort Eier bezieht sich auf Eizellen.
[3] In vielen Ländern dürfen Embryonen lediglich im Vorkernstadium eingefroren werden. Für die Kryokonservierung von Embryonen kommen sowohl Embryonen im Zygotenstadium (1. Tag der Entwicklung) als auch im Zell-Stadium (2. oder 3. Tag der Entwicklung) in Frage. Es besteht ausserdem die Option der Kryokonservierung im Blastozystenstadium (5., 6. oder 7. Tag). Quelle: Google.
[4] Film von Maria Arlamovsky: „Future Baby – Wie weit wollen wir gehen?"
[5] Gewisse Studien kommen zum Schluss, dass ein Qualitätsverlust der Spermatozoen nach erfolgter Kryokonservierung nicht auszuschliessen sei.
[6] Gewisse Studien haben einen Qualitätsverlust von Spermien lediglich in den ersten drei Jahren der Lagerung festgestellt.

Es gibt Luft – nach oben!

Die Erde ist rund, sie ist bunt und bietet viel Platz: für Landschaften, Wälder, Berge, zudem Seen, Flüsse, Meere. Fast hätte ich Menschen und Tiere vergessen, die sich, unternähme Mensch nichts, bald um die letzten Wasserreserven stritten. Aber so wie sich die Kontinente im Verlaufe der Millionen Jahre verschoben haben, lässt sich gar vieles verändern. Zum Beispiel mehr Menschen, weniger Tiere, dafür mehr Häuser bei weniger Natur. Verschieben, zusammenrücken, verdichten. Geht doch.

Hingegen eng wird es allemal bei 7,5 Milliarden Menschen, und jährlich kommen 83 Millionen dazu. Könnten wir nur die Erdanziehungskraft übertölpeln! Stellen Sie sich vor, Bäume schwebten plötzlich in dreissig Metern Höhe, Hunde und Katzen flögen durch die Luft, Autos und Eisenbahn machten sich den Luftraum streitig. So liesse sich der unbedingt notwendige Mehrbedarf an menschlichem Lebensraum mühelos gewinnen. Eine kecke Option. Der Fortschritt müsste sich bloss beeilen, die Zeit wird knapp. „Mensch first" ist und bleibt das Ziel.

Schon hat der Kampf um die besten Plätze im Luftraum begonnen. Wenn es im Sommer summt und brummt, muss man nicht unbedingt eine Bienenattacke befürchten. Auch ein Vogelangriff à la Hitchcock wie im Film „The Birds" kommt selten vor. Bloss eine Heerschar von Drohnen fliegt als Postboten, als medizinische Helfer und natürlich zum Ausspionieren des Nachbarn surrend umher. Trinkgeld wird nicht erwartet, bloss ein Landeplatz. Ein boomender Milliardenmarkt erobert den Himmel. Nicht alle freut's, sprechen doch manche von Hightech-Ungeziefer. Zudem scheinen die Schwalben damit nicht klarzukommen. Sie sind heuer früher als sonst nach Süden aufgebrochen.

(AWB, 19.5.2017)

Köstliches Insekten-Tartar?

Obwohl ich zu den Menschen zähle, die alles essen, nehme ich Themen wie Umwelt, Gesundheit etc. überaus ernst. Das mit den Treibhausgasen zum Beispiel, allen voran CO_2 und ganz schlimm Methan, ist eine üble Sache.

Lebensmittel über viele Kilometer per Flugzeug, Schiff oder Lastwagen zu transportieren, ist somit ein Unding. Nicht so im Falle der Schweiz, beträgt doch der Selbstversorgungsgrad, Milch- und Fleischprodukte ausgenommen, lediglich um die 50%. Im Winter liesse sich dieser Prozentsatz zwar signifikant erhöhen, indem man vor allem Kabis, Knollensellerie, Randen, zudem Wirz[1] zu sich nimmt, was bei mir leider zu Blähungen und insbesondere zu schädlichen Methangasen führt. Die schlimmsten Methanausstoss-Schleudern sind aber Kühe und Konsorten. Neuerdings erhalten sie daher Gas reduzierende Nahrung.

Was den Kühen recht, soll den Menschen billig sein. Schliesslich wollen auch wir nicht das ganze Winterhalbjahr über furzen. Umweltschutz in Ehren, aber gegen Produkte aus der EU wäre sicher nichts einzuwenden, wenn sie per Eisenbahn kommen. Exporte aus Übersee stimmen eher bedenklich, wenn wir an die CO_2-Hinterlassenschaften von Flugzeugen und Schiffen denken. Doch auf Kaffee, Schokolade und Bananen, darauf wollen wir nicht verzichten. Hauptsache „Fair Trade"-Label.

Ich habe mir schon überlegt, mich im Winter ausschliesslich von Fleisch- und Milchprodukten zu ernähren. Bin dann aber zum Schluss gekommen, dass eine intensive Antibiotika-Kur normalerweise höchstens 10 und nicht 183 Tage dauert. Retten könnten mich protein-, vitamin- und eiweisshaltige Mehlwürmer sowie Heuschreckentartar. Wie steht's wohl da mit den Antibiotika?

Korrekte Ernährung. Denkste. Da ist überall der „Wurm" drin.

(AWB, 13.1.2017)

---

[1] Wirz, auch Wirsing genannt ist ein Kopfkohl mit welligen Blättern.

DAS KREUZ MIT DEM KREUZ

Kirchenglocken kümmert es wenig

Wer kam noch nie in die Situation: eine blöde Bewegung, ein Stich ins Kreuz wie ein Geschoss aus heiter-blauem Himmel? Höllische Schmerzen machen sich breit, nichts geht mehr. Wo die Belastungen am grössten sind, machen Abnutzungen sich eben bemerkbar. Sogar Roger Federer, der Schweizer Tennis-Champion auf ewig, muss dieses sein Kreuz tragen. Seien wir ehrlich, wir alle haben unser persönliches Kreuz. Lustig ist das nicht.

Das Kreuz ist nun mal ein Kreuz, dem sich nicht einmal das kleine Kreuz, das Kreuzchen entziehen vermag, da es notabene vom Kreuz abstammt. Geometrisch gesehen ergibt sich ein Kreuzchen, das wir zum Ankreuzen verwenden, aus einer Drehung eines rechtwinkligen Kreuzes um 45 Grad, allerdings mit vier gleich langen Seiten, was die Sache im Prinzip vereinfacht. Gar schnell ist das Kreuzchen am richtigen Ort gesetzt, wenn beispielsweise gefragt wird: „Waren Sie schon einmal in den USA?" Soll man sich dazu äussern, ob Religionen nützlich sind, mag ein mancher wohl zögern, ob er das Ja oder das Nein ankreuzen soll. Spätestens bei Multiple-Choice-Tests beginnt der Kopf zu rauchen. 50 teilweise höchst verzwickte Fragen beinhaltet aktuell die Auto-Theorieprüfung, wobei sage und schreibe 15 Mal danebengetippt werden darf. Wenn das mal nicht grosszügig ist, schliesslich geht es um richtig und falsch.

Da nahmen es die Kreuzritter im Namen des Kreuzes aber viel genauer. Wer falsch glaubte, den traf das blutige Schwert. Das nennt man christlich gesäuberte Erde. Ebenso schöpfte der ehemalige US-Präsident George W. Bush Kraft aus der Bibel und blies guten Gewissens zum Einmarsch in den Irak, getreu, wie er den Evangelisten Matthäus verstanden hat: „Wer nicht mit mir ist, der ist wider mich." Ob Trump dereinst auch die Bibel ruft? Die Bibel ist schliesslich die Wahrheit, die Heilige Schrift weist den Weg.

Wer könnte es wagen, dieses Werk der Wahrheit anzuzweifeln, das viele Männer, während vieler Jahre und vieler Jahrzehnte erinnerungsgenau niedergeschrieben haben? Das könnte nur einer, nämlich Gott. Der aber schweigt beharrlich. Und wir stehen im Schilf. Als arme, unwissende Menschenkinder dazu verdammt, zu sündigen, Schuld auf uns zu laden, unwürdig zu sein. Unvollkommen. All das gräbt sich als Resultat einer katholischen Erziehung tief in meine Seele. Der Weg zumindest ins eklige Fegefeuer scheint definitiv vorprogrammiert.

Mamma Mia, diese Gehirnwäsche. So richtig Freude kommt nie auf. Mit den Jahren stieg und stieg mein Allergielevel gleich einer Kreuzallergie. Das geht so weit, dass praktisch alle Wörter, in denen der Begriff „Kreuz" vorkommt, mir bis heute suspekt erscheinen, wie zum Beispiel das vergnügungssüchtige Wort „Kreuzfahrt". Blöd von mir, Kreuzfahrten stehen ja nicht auf dem Index. Aber eben. Die vielen christlichen Verbote und Gebote haben sich als zäher Kalk in meinen Lebensadern festgesetzt.

Die Leichtigkeit der Kirchenglocken

Lachen Sie nicht, es gab sogar eine Zeit, da wollte ich nicht einmal Kreuzworträtsel lösen. Denn wo liegt hier die Wahrheit? Beim Kreuz als blossem Worträtsel, oder ist das Kreuz ein Rätsel, oder das Rätsel ein Kreuz? Wo liegt des Rätsels Lösung? Erleuchtete Menschen meinen, das Wort Kreuz sei gleichzusetzen mit Glaube. Aber warum lässt sich ein Rätsel nur mit Wissen lösen, obwohl allein der Glaube zur Seligkeit führt? Der Verwirrung folgt der Zweifel. Leicht haben es die Glocken hoch oben in den Kirchtürmen, geschmückt mit fröhlichen Storchennestern. Unschuldig wie Kinder zweifeln, rätseln sie nie, sie hüllen ihre Umgebung ein mit dröhnender Lautstärke. Wie übrigens auch der Muezzin.

Um den Begriff Kreuzworträtsel neutral zu gestalten, spiele ich mit dem Gedanken, das Spiel umzubenennen in „Rätsel des Wissens". „Rätsel wider die Vergesslichkeit" fände ich zwar passender, könnte aber verwechselt werden mit „Rätsel wider das Vergessen", obwohl dies höchstens am Rande berührt: Was war, ist gewesen. Wenn das Boot voll ist, ist es voll. Übervolle Boote kentern nun mal, gerade im Sommer. So denken die meisten in Europa. Trotzdem brandmarkt der Vatikan die Schweiz als unchristlich. So eine Frechheit. Ja wollen wir einmal mehr zu Kreuze kriechen? Nee. Wir haben mehr als genug getan, als uns das Bankkundengeheimnis abhandenkam.

Irgendwie wird man dieses Kreuz nicht los. Es wiegt schwer, das leidige Leid am Kreuz ohne Multiple-Choice im Angebot. So strauchen die Herzen auf ihrer unmöglichen Richtungssuche. Dieses Schicksal wurde den Menschen beschert. Sie wurden nicht gefragt. Er liebe alle Menschen, er schütze alle Kreaturen auf Erden, liess Gott ausrichten. Das Gebot der Nächstenliebe stellte er sich gar einfach vor. Er wusste es nicht besser, er glaubte an das Gute und sah wenig voraus. Hätte er sich besser ein Beispiel am Alten Testament genommen mit seinen blutig-dämonischen Darstellungen und dem Aufruf zur Gewalt. Wahrlich ein visionäres Werk wie übrigens auch der Koran. Praxisnähe und Mut zur Realität beeindrucken. Vernünftige Menschen wissen damit umzugehen.

Weiss für Identität und Freiheit

Christliche Werte machen nur froh, wenn wir sie richtig verstehen, als Balance-Akt zwischen gläubiger Unterwerfung und pragmatischen Lösungen. So schwierig ist das nicht. Nehmen wir als Beispiel das Schweizer Kreuz. Manch einer mag ärgerlich reagiert haben, als Henri Dunant als Begründer des Roten Kreuzes unser Kreuz nahm und lediglich die Farben

*Cruschetta/S-charljöchl,
an der schweizerisch-italienischen Grenze, 2298 m ü. M.*

austauschte. Weiss wurde zu blutdurchtränktem Rot, Rot zu reinem Weiss. Womöglich ging ein Aufschrei durchs Land. War Henri Dunant ein Landesverräter? Hat er unser heiliges Schweizer Kreuz für seine Zwecke entwendet? Blödsinn! Wer wollte das eine mit dem andern verwechseln! Welches Kreuz wofür steht, ist wohl klar.

Dem Henri gehört das Schlachtfeld, der Schweiz das tugendhafte Weiss, ein strahlender Stern im Kosmos, ein Farbengemisch, das alle Optionen offenlässt und im Nachhinein einem genialen Schachzug gleichkommt. So darf die Braut auch mit zerrissenem Jungfernhäutchen in strahlendem Weiss zur Kirche schreiten, das Bankkundengeheimnis mag die Einheimischen schützen auf immer und ewig, und Blauhelme neutralisieren eine jede Waffenlieferung.

Es ist und bleibt ein Kreuz mit dem Kreuz. Wo die Belastungen am grössten sind, machen Abnutzungen sich bemerkbar. Kürzlich, als ich kreuzfidel mit einem übermütigen Sprung das Bett verlassen wollte, traf mich ein Stich ins Kreuz wie ein Geschoss aus heiter-blauem Himmel.

Wenn das weisse Kreuz als Schnee in der Sonne dahinschmilzt, könnte Morast zum Vorschein kommen.

Ausser Rand und Band

Ich schreibe diese Kolumne zwei Tage danach. Es ist Sonntag, der 15. November 2015. Eigentlich wollten wir eine Woche am Meer verbringen, nicht allzu viele Flugstunden von der Schweiz entfernt. Zwei favorisierte Destinationen kamen gar nicht auf den Radar: Tunesien – da gab es dieses Jahr bereits zwei terroristische Anschläge auf Touristen – ebenso die Türkei mit all ihren Bedrohungen und der Grenze zu Syrien. Zum No-Go wurde nach dem jüngsten Absturz resp. Abschuss eines russischen Flugzeugs zudem das rote Meer in Ägypten. Kroatien, Lesbos – eh schon zu kalt, zudem hoffnungslos flüchtlingsüberschwemmt. Sicherheit ist uns halt wichtig.

Am Freitagmorgen, 13. November, spielte ich mit einer Freundin Tennis. Am Vorabend von Paris zurückgekommen, erzählte sie freudig von einem gelungenen Abend in der Comédie Française. Das wäre auch was für uns, dachte ich. Am nächsten Morgen der Schock. Mehrere terroristische Anschläge in Paris, viele Tote und Verletzte. Stundenlang sassen wir vor dem Fernseher, verfolgten mit Entsetzen die brutalen Geschehnisse, mit Interesse die verschiedenen Diskussionsrunden. Unsere Freunde in Berlin legten vor der französischen Botschaft am Pariser Platz Blumen nieder. Alle versuchten auf ihre Art mit den schrecklichen Ereignissen umzugehen und Mut zu fassen.

Die Welt ist tatsächlich ausser Rand und Band geraten. Das Verkehrschaos auf den Strassen nimmt täglich zu, Parkplätze werden abgebaut, die Krankenkassenprämien steigen ohne Ende. Und erst noch die lästigen Nachbarn, die ihre Sträucher nicht zurückschneiden, die es wagen, über Mittag den Rasen zu mähen. Wenn alles nichts nützt, kann man glücklicherweise den Richter anrufen.

PS: Grundsätzlich hat sich seit 2015 nichts Wesentliches verändert: Terror lauert allerorten, der Migrationsdruck unterschiedlichster Prägung wird anhalten, solange die Bevölkerungsexplosion ungebremst voranschreitet.

Leider kann ein Richter keine Ausschaffung für den Unterlegenen im Nachbarschaftsstreit verfügen.

(AWB, 27.11.2015)

Haben oder Sein – Sein oder Haben?

Das Haben, glauben Sie mir, hat seinen Preis. Das Haben im Sinne von Besitz braucht Geld, manchmal viel. Und das Haben braucht Zeit, denn Besitz will unterhalten und gepflegt werden. Wenn ich da an all die Schuhe und Kleider denke, die sich im Verlaufe der Jahrzehnte bei mir eingenistet haben. Da mussten gar zusätzliche Kästen angeschafft werden. Punkto Schmuck bin ich sehr zurückhaltend. Alles gut versteckt, nicht in den Kästen, wenn Sie das meinen. Auch im Ausgang bin ich schmuckmässig vorsichtig, da Diebe und Räuber sich gerne an unserem Hab und Gut vergreifen.

Ob ich all das, was ich habe, brauche? Ja und nein. Alle Jahre wieder zieht es uns in die Berge, in ein kleines nur im Sommer bewohnbares Nest auf 1800 Metern Höhe. Das Chalet ist klein, mit dem Notwendigsten ausgerüstet, dabei – oh Wonne – eine Geschirrwaschmaschine. Wir geniessen es, weder Internet-Anschluss noch Handy-Empfang zu haben. Es wird gewandert, gejasst und gelesen. Den CD-Player lassen wir links liegen, Wurzeln und Steine sammeln ist viel spannender. Brauchen später nur Platz und keinen Unterhalt. So lassen wir schwerelos unsere Seele baumeln, haben jeden Tag ungemein viel Freude, was ja auch mit Haben zu tun hat. Dem Haben der andern Art, des Seins.

Unsere Bergidylle verlassen wir nach zwei Wochen. Nach Hause kommen tut auch gut. Wir sehen all das Schöne, das wir besitzen: Bilder, Bücher, die vollen Kästen, viel Platz überall, auch im Keller. Alles ist noch da, keine Spuren von Einbrechern. Nun heisst es auspacken, aufräumen, unterhalten. Wo habe ich nur all meinen Schmuck versteckt? Unruhe macht sich breit. Wie schnell hat sich das Bergchalet-Feeling doch davongemacht.

(AWB, 14.10.2016)

The Kill (Botswana – Okawango Delta – 2012)

KRIEGSRHETORIK ODER MEHR?

Mächtige dieser Welt kreuzen die Zungen – die Drähte laufen heiss.

> Halali, Halali, wir ziehen in den Krieg,
> Keiner will den Krieg, ein jeder nur den Sieg.
> Wie, ja wie, vermeiden wir den Krieg?

Jinping[1]*:* Hallo Wladimir[2], können wir vertraulich reden?
Putin: Worum geht es, Bruder?
Jinping: Du weisst schon, der Kim (Jong-un[3]), das Kind, randaliert wieder. Schlimm. Bevor ich jedoch Vertrauliches rauslasse, Wladimir, muss ich sicher sein, dass deine Jungs unser Gespräch nicht hacken.
Putin: Wo denkst du hin, Xi! Meine Hacker-Boys feiern noch immer ihren Sieg über die US-Präsidentschaftswahlen. Halte besser du deine Spione zurück.
Jinping: Geht in Ordnung. Schliesslich müssen wir einander vertrauen.
Putin: Dieses Vertrauen bedeutet mir viel. Ich bin gerade mit meinem Schimmel auf Tigerjagd. Rufe später an. *(galoppiert laut singend hinaus in die Taiga)*

> Ich jag den Tiger auf dem Schimmel,
> Sitz nackt mit Sixpack auf dem Ross,
> Steif und lang mein guter Pimmel,
> Das ist russisches Geschoss.

Jong-un: Hallo Donald Duck, Donald Depp, Trumpet Trump. Warum rufst du an, du störst. Spiele gerade „Kriegerlis" und mach dein Land kaputt. Hi, hi.

Trump: Kim-Boy, was du vorhast, ist nicht gut, nicht gut, nicht gut. Wenn du nicht spurst, werde ich dich mit Feuer und Zorn überziehen.

Jong-un: Du geistesumnachteter, seniler Amerikaner, ich werde dich mit Feuer bändigen.

Trump: Ich werde dein Land total vernichten.

Jong-un: Nur ein Hund mit Angst bellt lauter.

Trump: Was glaubst du kleiner, fetter Wicht, Vergeltung muss sein.

Jong-un: Ha, ha. *(unterbricht das Gespräch abrupt, beginnt zu singen)*

Im Kinderzimmer spiel ich gern,
Mach Radau und ganz viel Lärm,
Am Boden liegen Teddybären, ohne Arm und Beine,
Ja, da mach ich, was ich will, schliesslich sind es meine.
Wenn die Wut mich überkommt, schlag ich alles kaputt,
Sogar mein Land in Asche und Schutt.

Jinping: Hallo, Wladimir, Laptoschka[4], ich darf dich doch so nennen. Schon zurück vom Tigerpfad? Wir müssen die beiden Hitzköpfe, das Kind und den Spinner im Weissen Haus, unbedingt beruhigen. Gefährlicher Kindergarten. Soll ich Kim anrufen?

Putin: In Ordnung, mach das. Ich habe so viel zu tun. Du weisst, Mütterchen Russland soll wieder gross und schön werden.

Jong-un: Hallo, chinesischer Bruder. Was gibt's?

Jinping: Kind, Kind. Wladimir und ich verstehen dich gut. Du bist wie unser Sohn, ein guter Puffer gegen die Amis im Pazifik. Aber nimm dich ein wenig zurück. Der Yankee ist unberechenbar.

Jong-un: Bruder Xi, bitte versteh. Ich will nicht enden wie Gaddafi, auch nicht verrecken wie der Saddam Hussein. Hör zu:

> Den Hussein hat es bös erwischt, Gaddafi ebenso,
> Der hatte nicht mal Zeit aufs Klo
> Schon war er mause, blutverschmiert,
> Hussein hat den Galgen garniert,
> Nicht mit mir, du böser Trump,
> Du seniler, alter Lump!

Jinping: Ist ja gut. Junge, Junge, beruhige dich. Geh zurück ins Kinderzimmer.

Jong-un: Hallo Lump, eh Trump. Wenn du nicht spurst, serviere ich den Krieg.
Trump: Du kleiner Raketenmann.
Jong-un: Sei nicht immer beleidigt, du blöder Yankee. Ich werde dir deine wasserstoffblonde Haartolle mit meiner Wasserstoffbombe wegpusten.
Trump: Und ich werde dich mit Feuer bändigen. Einige sagen, ich sei zu weit gegangen. Aber es war nicht stark genug, nicht stark genug, nicht stark genug.
Jong-un: Meine Raketen werden dich und dein Land besuchen. *(lange Pause – Kim schluchzt)* Bitte, sei lieb mit mir. Ich will nur, dass du mich ernst nimmst. – Du blöder Spinner! Geht das in dein irrwitziges Greisenhirn?
Trump: Schau lieber zu deinem Volk, das hungert, hungert, hungert.
Jong-un: Ja, das tue ich. Ich kann kaum schlafen, weil mein Volk hungert.
Trump: Gut so, Junge. Du hast schlimme Dinge gemacht, schlimme Dinge, schlimme Dinge. Das ist nicht gut, nicht gut,

nicht gut. Wenn du mit den Raketen nicht aufhörst, muss ich dein Land vernichten. Little Rocket Man.

Jong-un: Jetzt reicht's, blöder Donald. Jetzt geht's dir an den Kragen:

>Ich bin der Kim Jong-un
>Und habe viel zu tun,
>Im Kinderzimmer spiel ich gern mit Bomben und Raketen,
>Den Trump den mach ich klein, zermatsch ihn zu Pasteten,
>Lass die Bomben fliegen weit, Richtung Amerika
>Ist dieses Spiel nicht wunderbar?

Trump: Kim, hör auf mit diesem Quatsch. Wenn du das Richtige tust, kommt es gut. Denk dran: Wir haben viele Dinge in Position, von denen wir bei Gott hoffen, dass wir sie nie einsetzen müssen, die Ära der strategischen Geduld ist zu Ende, kleiner Dicksack.

Jong-un: Ha, ha, der Atomknopf ist immer auf meinem Tisch. Du musst einsehen, dass dies keine Erpressung ist, sondern die Realität *(Neujahrsansprache 2018)*.

Putin: Xi, Xi, grosser Bruder. Wir müssen handeln. Das grosse und das kleine Kind spielen verrückt. Gib den beiden den Schnuller, dann können wir endlich die Welt zwischen uns beiden aufteilen.

Jinping: Ja, ja, Wolodja[5]. Aber ich sage, wo's langgeht. Mein Reich bleibt sozialistisch mit grossem kapitalistischem Hunger. Der Drache ist unersättlich. Mein Plan, musst du wissen, ist geostrategisch.

Putin: Verstehe, plane ebenfalls strategisch. Weisst du, der Zerfall der Sowjetunion hat meine Bürger traumatisiert. Da musste ich handeln, habe schnell die Krim geklaut, aber offen und ehrlich kommuniziert, warum. Die Realität ist eben immer die Wahrheit. Das muss der Westen begreifen.

Jinping: Gut so. Und ich bin mächtiger als Mao und ich habe Zeit. Die Amis könnte ich jederzeit hopsgehen lassen. Die schulden uns so viel Geld. Und mein Militär stocke ich gerade auf. Aber nur weil alle ringsum aufrüsten. Sonst würde ich das nie machen. China ist eine Friedensmacht. Warum in den Krieg ziehen, wenn wir alles kaufen können. Amerika spürt diesen Strick um den Hals. Und erst der Westen. Schon länger befindet sich Europa auf einer abschüssigen Bahn, meint sogar der Präsident des Europaparlaments, Martin Schulz. Sichern wir uns darum rechtzeitig die Filetstücke.

Putin: Ich bin dabei. Und vergiss nicht, ich bin ebenso eine Schlüsselfigur auf dem internationalen Parkett wie du. Ich verkaufe viele Waffen, zum Beispiel Luftabwehrraketen in den Iran. Dem Trump gefällt das überhaupt nicht. Wo Amerika rausgeht, marschier ich rein. So einfach ist das. Ohne Moskau läuft im Nahen Osten nichts. Wie findest du mein Gedicht?

> In Syrien hab ich mitgespielt, das Poker ging an mich,
> Trump war schwach und zögerlich,
> Du, China, hattest nichts dagegen,
> Du gabst mir deinen Bruder-Segen,
> Nun teilen wir die Welt uns auf,
> Da wett ich alle Rubel drauf.

Jinping: Ja, mein kleiner Bruder. Aber China First.

Putin: Die Welt ist gross, wir haben beide Platz. Was meinst du Xi, sollte ich nicht den Friedensnobelpreis bekommen? Schliesslich will ich keinen dritten Weltkrieg. Aber, wenn die EU und die USA sich mit mir anlegen, müsste ich mein Atomwaffenarsenal bereitstellen.

Jinping: Wladimir, Laptoschka, mal langsam. Du bist nicht jeden Tag auf Tiger- und Bärenjagd, Juniorpartner. Schau besser, dass deine Wirtschaft rollt. Wir Chinesen kaufen gerade die deutsche Firmenlandschaft leer. Die Deutschen schenken uns quasi das gesamte Technik-Knowhow. Die merken das gar nicht. Und wir kopieren alles, so wie wir das mit den Louis Vuitton-Taschen gemacht haben. Ich sag dir: Die ganze Welt ist für China ein einziges Business-Labor.

Putin: Bei mir als Superman läuft's auch super. Meine Verbündeten heissen: Militär, Flotte, Öl und Gas. Gas ist eigentlich mein Liebling und macht mich zum Freund vieler und mein Land zur lupenreinen Demokratie:

> Der alte Kanzler Schröder, der super Demokrat,
> Der hat ne feine Nase, und fand in Russland Gas,
> Der alte Kanzler Schröder sitzt nun im Aufsichtsrat,
> Als super Demokrat verkauft er Deutschland Gas.

Jinping: Siehst du, es geht nichts über den Handel. Das mit dem Schröder als Ehrenmann hast du prächtig hingekriegt.

Putin: Stimmt. Nur wegen des Business hätte sich der Schröder nie und nimmer auf das Gasgeschäft und jetzt zusätzlich aufs Öl eingelassen. Sagt der lupenreine Schröder selber von sich. Und hast du das mitbekommen, den Schröder haben sie gar als Berater zum Schweizer Ringier Konzern geholt?

Jinping: Ja, ja der Westen. Das Fressen kommt auch bei denen zuerst. Erst den Drohfinger erheben und von Menschenrechten schwafeln. Ist das Protestritual erledigt, werden die Verträge abgeschlossen. So kommen Moral und Geschäft unter Dach und Fach.

Putin: Etwas anderes. Sag mal, Xi, wie hast du es angestellt, dass du praktisch keine Gegner mehr hast?

Jinping: Nichts leichter als das. Ich kämpfe in meinem Reich bekanntlich gegen die Korruption. Alle meine Gegner erkläre ich als korrupt und lasse sie einlochen oder sonst bestrafen. Weil es weiterhin Gegner von mir gibt, ist die Korruption noch nicht vollständig besiegt. Und du Waldimir. Du gehst ein bisschen grob mit den Oppositionellen um, sagt man.

Putin: Bruder, wo denkst du hin! Vieles erledigt sich von selbst. Meine Gegner nehmen manchmal einfach Gift zu sich.

Wie sie an solche Substanzen herankommen, schleierhaft. Meine Bürger müssen wirklich keine Angst haben. Wer meine Regeln befolgt, hat nichts zu befürchten.

Jinping: Komm Wlaldimir, lass uns weiter die Welt aufteilen. Afrika ist bereits zur Hälfte chinesisch, im Trump-Tower habe ich eine Bank installiert, als Nächstes knacken wir den Dollar. Bist du dabei?

Putin: Na, klar. Die Welt braucht wahre Männer wie uns. Meine Wirtschaft kommt voran, seit Mutti Angela die Atomkraftwerke abstellt. Jetzt braucht sie, ob sie will oder nicht, mein Gas und mein Öl. Schröder wird es richten.

Jinping: Ich bin deiner Meinung. Leider konnte ich den Mugabe[6] in Simbabwe nicht mehr halten. Sein Vize, Hardliner Emmerson Mnangagwa, genannt das Krokodil, passt ebenso gut für meine Rohstoff-Deals. Soll der Westen Brunnen und Schulen bauen. Wir drehen am grossen Rad des Business.

---

[1] Xi Jinping, Staatspräsident der Volksrepublik China seit 2013
[2] Wladimir Wladimirowitsch Putin, Präsident der Russischen Föderation seit 2012
[3] Kim Jong-un, Diktator Nordkoreas
[4] «mein Tätzchen", Kosename für Putin von seiner ersten Ehefrau
[5] Kosename für Wladimir
[6] bis 2017 Präsident von Simbabwe

Tarnanzüge schiessen nicht!

Früher war nicht alles besser, hingegen einfacher. Erinnern wir uns an Marignano, 500 Jahre liegt das Ereignis zurück: Kläglich, aber tapfer gehen die Schweizer in jener Schlacht unter. Die Wirtschaft allerdings leidet kaum. Ganz im Gegenteil, erreicht doch das Söldnerwesen als bester Schweizer Exportschlager eine einmalige Blüte. Die von unseren Urahnen begangenen Gräueltaten kümmern kaum, alles geschah ja im Ausland. Zudem ist längst Gras darüber gewachsen.

Viel später trennt man sich schweren Herzens von der lukrativen Kultur der Gewalt. Ein neues Zeitalter bricht an. Man findet sich wieder im Spannungsfeld zwischen gegenteiligen Interessen wie Wirtschaftswachstum einerseits und „ominös-flexibler" Neutralität, Friedensförderung sowie Menschenrechten andererseits. Die guten Dienste in bester humanistischer Tradition finden weltweit Anerkennung. Gleichzeitig exportiert die „bleierne" Schweiz, allen Widerständen zum Trotz, jährlich Waffen für viele Millionen Franken. Peinlich nur, wenn das Kriegsmaterial in die Hände kämpfender Rebellen gelangt und Medien darüber weltweit berichten. Die Entrüstung legt sich jeweils schnell.

Eine starke Lobby, zusammen mit ihren willigen politischen Helfern, findet immer einen Weg aus der Sackgasse, wobei man entschieden vorsichtiger wird. Putin zum Beispiel bekommt lediglich Tarnanzüge, die Schutz vor Infrarot-Spähern oder Radargeräten bieten. Ein juristischer Klimmzug bei der Vertragsauslegung hat dieses Geschäft über immerhin 91 Millionen Franken ermöglicht. Auch da wächst schnell Gras darüber. Und glücklicherweise schiessen Tarnanzüge nicht. Dies als Trost, falls Putin mal die Schweiz einnehmen sollte.

PS: Im Zuge des Konflikts um die Ukraine verhängt der Westen immer wieder neue Sanktionen gegenüber Russland. Die Schweiz verhindert lediglich deren Umgehung. Putin antwortete flugs mit Gegensanktionen, wovon er die Schweiz natürlich ausnahm. Diese exportiert zum Beispiel frisch fröhlich Käse nach Russland und füllt die Regale nach dem Wegfall französischen sowie italienischen Käses.

(AWB, 10.4.2015)

Die Welt ist weder schwarz ...

... noch glitzert sie. Jahrzehnte hat es gedauert, mich dem launischen Dichter Titus Maccius Plautus (ca. 254–184 v. Chr.) und seiner Komödie Asinaria (Eseleien) anzuvertrauen. Schliesslich hat sein Bonmot „Der Mensch ist des Menschen Wolf" mein gesamtes Weltbild über den Haufen geworfen, das ich bis anhin liebevoll gepflegt hatte. Schweren Herzens habe ich mich bereits kurz nach dem Teenageralter von der Indianerromantik (das Wort Indianer ist nicht korrekt, widerspiegelt hingegen klar, was ich meine) verabschiedet, als ich zum ersten Mal in nordamerikanischen Reservaten verarmten Ureinwohnern, die dem Alkohol verfallen waren, begegnete. Adieu der Traum von Old Shatterhand und Co.

Doch der Träume waren gar viele, sie besiedelten mein gesamtes Denken. Lange dachte ich, alle Christen müssten gute Menschen sein dank ihrer alles überstrahlenden Religion mit all den Geboten für Gutmenschen. Sind sie aber nicht. Juden bekamen einen ganz besonderen Platz, weil sie immer verfolgt werden. Leider gibt es auch böse Menschen unter den Verfolgten. Beim friedfertigen Buddhismus wähnte ich mein Weltbild intakt, beinahe hätte ich konvertiert. Dazu kam es nicht. Derzeit kämpfen nämlich liebe Buddhisten gegen hilflose Muslime in Myanmar. Wer soll das verstehen? Ich kenne einen Menschen, der seit Jahren an Krebs leidet. Trotzdem ist und bleibt er ein Kotzbrocken. Dabei war ich felsenfest überzeugt, dass Leiden dem Guten zum Durchbruch verhilft.

Mein Traumweltbild-Schubladen-Denken hat Knacks über Knacks bekommen. Die Wirklichkeit schmerzt. Aber bunt bleibt sie allemal. Eins habe ich gelernt: Auch die Gazelle in der afrikanischen Savanne muss der Realität ins Auge blicken.

(AWB, 13.10.2017)

Zeitung für eine liberale Schweiz

SWISS ROBOTIK ENGINEERING & CONSULTING AG

Spannung liegt in der Luft (Teil I)

Von Robo Futuro

Das neue Nachrichtendienst-Gesetz mit seinem Überwachungsapparat nimmt Fahrt auf. Schon haben wir das erste Leck. Alles, was die Berater der bundesnahen Firma Swiss Robotik Engineering & Consulting AG aus Unschuldshausen mit ihren Kunden besprochen haben, wurde unserer Redaktion verbotenerweise zugespielt.

Zahlreiche Fragen stehen im Raum: Wer hat diese internen, vertraulichen Unterlagen an die Öffentlichkeit gebracht? Sind ausländische Geheimdienste die Schuldigen, allen voran Russland, oder frustrierte Mitarbeiter beim Bund, oder ist WikiLeaks der Bösewicht? Werden wir je die Wahrheit kennen? Erwartungsgemäss wird die Bundesanwaltschaft nach langen Überlegungen zögerlich, aber sofort mit einem Heer von Beamten die Ermittlungen aufnehmen. Vor Ablauf der zehnjährigen Verjährungsfrist wird sie versuchen, die ebenso hochkomplexe wie verzwickte Sache trotz fehlender Fachkenntnisse aufzuklären.

Schon heute hat die Öffentlichkeit ein Recht darauf zu wissen, was hinter den Kulissen läuft. Unsere Redaktion ist im Besitze sämtlicher Gesprächsprotokolle, welche die Berater von Swiss Robotik Engineering & Consulting AG (SREC) zuhanden ihrer Geschäftsleitung erstellt haben. Die persönlichen Einschätzungen dieser Beraterinnen und Berater lassen aufhorchen. Alles in allem hochbrisantes Material, das wir in der heutigen sowie in der morgigen Ausgabe in voller Länge abdrucken.

Vertrauliche Protokolle zuhanden der Geschäftsleitung Swiss Robotik Engineering & Consulting AG, Unschuldshausen

Teil I

Protokoll „Berater Service public"

Mein Gespräch mit Susanne Ruoff, Konzernleiterin Post: „Wir dürfen nicht stehen bleiben", sagt die taffe Konzernleiterin Post, Susanne Ruoff. Diese Frau zufriedenzustellen, ist hohe Kunst. Unsere „Postroboter-Wägeli" erfüllen ihre Erwartungen überhaupt nicht. „Viel zu langsam", moniert sie, wünscht unbegleiteten Ausgang der „Roboterli". Schliesslich muss sie, das heisst sie will um die 600 Poststellen abbauen und sich schweren Herzens von gut 1000 Mitarbeitenden trennen. Sie bekundet grosses Interesse an künftigen „Roboter-Wägeli Advanced", die sich unbegleitet, ohne Berührungsängste unter Fussgänger mischen, korrekt mit Ampeln wie mit Zebrastreifen umgehen. Gut, dass ich ihr unseren neusten Prototyp anbieten konnte, den mit den neun Kameras, acht Ultraschalldetektoren und einem GPS. Als die Ampel auf Orange sprang, riss das „Roboterli" einen Vollstopp. Was will man mehr. Die Ruoff kann ihr Glück kaum fassen, baut jetzt die „Wägeli"-Flotte aus und ein paar Pöstler mehr ab. Sie lässt sich durch nichts beirren, was dem Publikum serviert wird. Wann, wie, wo, ob überhaupt, ihre Pläne sind öffentlich, die Zukunft offen. Hoffen? Ich denke nein, das Post-Zeitalter der Post hat längst begonnen. Wir müssen für die Frau unbedingt eine Lösung finden, dass Drohnen die „Weihnachtspäckli" bringen. Der Postlady ist es nämlich „hundewurst", wenn Kinder an Drohnen anstatt ans Christkind glauben.

Achtung: Nicht alle teilen Ruoffs Freuden. Aber Achtung: Feuer im Dach der Post. Verfolge die Entwicklungen genau. Berichte, sobald ich Näheres weiss.

Protokoll „Berater Marktchancen"

Ich nehme das Resümee gleich vorweg. Unsere Strategie: schlicht genial-zukunftsschwanger. Die Chancen übertreffen alle bisherigen Prognosen um das Vielfache. Sie lesen richtig: um das Vielfache. Der Robotik gehört die Zukunft. Mit lebenslangem Lernen wird das für die Menschen ein Klacks. Der Digitalisierungstag Schweiz vom 21. November 2017 spielt uns da voll in die Hände. Doris Leuthard, unsere Bundespräsidentin, wünscht sich symbolträchtig einen Staubsauger-Roboter zu Weihnachten und ruft das Volk auf, die Chancen der Digitalisierung zu nutzen und mehr Risikobereitschaft zu zeigen. Der Staubsauger ist wohl ein guter Anfang. Angst kennt diese Frau vor nichts. Leider hat sie mit Apps und so ihre liebe Mühe.

Wichtig für uns ist in erster Linie die Wirtschaft. Alle grossen Unternehmen rennen uns buchstäblich die Bude ein. Ungebremste Nachfrage an Maschinen-Robotern für repetitive und stupide Arbeiten wie Buchhaltung, Labor, Schlachthaus, Taxiwesen etc. Wir müssen uns aber bewusst sein, dass viele Menschen eine gewisse Skepsis, gar Ablehnung gegenüber Robotern entwickeln, die ihnen helfen oder sie ersetzen. Unbedingt Akzeptanzbarrieren abbauen. In sensiblen Bereichen sollten wir eventuell vorsichtig operieren. Zudem rate ich unserem Ethikkomitee, die vollständige Integration aller Roboter voranzutreiben. Auch Roboter verdienen es, vollständig in die Gesellschaft integriert zu werden. Parallelgesellschaften vorbeugen.

Was ich noch anmerken will: Die Sicherheit bei Mensch-Roboter-Interaktionen könnte zur Knacknuss werden. Stichwort Cyberkriminalität. Komme später darauf zurück.

Protokoll „Berater Empathie"

Mein Gespräch mit Bundesrat Berset, dem Gesundheits-Vormund der gesamten Schweiz. Alles drehte sich natürlich um den kontinuierlichen Anstieg der Gesundheitskosten.

Wen wundert's, dass dem armen Berset die Haare längst ausgefallen sind. Er kann es drehen, wie er will, die Menschheit hängt nun mal am Tropf des langen Lebens. Die Kosten steigen ohne Ende. Die will er senken. Gleichzeitig will er die Qualität verbessern. Werte Geschäftsleitung, wenn Sie mich fragen, eine Quadratur des Kreises. Wenn die Qualität steigt, leben die Menschen noch länger. Und das kostet. Gut für uns.

Trotzdem, unser Produktportfolio freut den Berset. Ich habe ihm unseren „Roboter First-Class" mit empathischer Kompetenz vorgeschlagen und natürlich alle Vorzüge gemäss unseren internen Firmen-Richtlinien erklärt:
- Roboter sind menschlicher als jeder Mensch.
- Roboter sind kaum sadistisch, auch nicht in der Altenpflege.
- Roboter sind besser als Menschen punkto Effizienz und Fehlerquote.
- Roboter tragen bei der Medikamentenausgabe zur Sicherheit bei.

Weiter kam ich leider nicht, Berset fiel mir aus der Leitung. Wir hatten ein Blackout infolge einer Netzwerküberlastung. Damit ist das eingetreten, wovor das Schweizer Fernsehen anfangs Januar 2017 während Stunden gewarnt hat.

Bei uns hat das Blackout allerdings die Bundesrätin Simonetta Sommaruga verursacht. Sie wollte unbedingt mit unserer Beraterin „Migräne" sprechen. – Darum Ende Protokoll.

Protokoll „Beraterin Migräne"

Mein Gespräch mit Bundesrätin Simonetta Sommaruga: Hartnäckig dieses auf den ersten Blick so filigrane Wesen. Wie meist zeigte sie sich als „not amused". Sie sieht grösste Probleme auf die Schweiz zukommen, wenn Robotern der Vorzug gegenüber Pflegefachkräften aus der EU eingeräumt werde. Der Bundesrat sei sich einig, lässt sie uns wissen, dass alles, was die EU im Entferntesten interessieren könnte, dieser vorgängig zur Genehmigung vorzulegen sei. Roboter dürften auf keinen Fall das Personenfreizügigkeitsabkommen mit der EU verletzen.

Meine persönliche Einschätzung: Diese Frau ist schlicht ideologisiert. Vielleicht gar von Brüssel radikalisiert?

Protokoll „Berater Empathie"/„Beraterin Migräne"

Plötzlich hatten wir Berset und Sommaruga gleichzeitig in der Leitung. Berset will von seiner Kollegin wissen, was gelte, wenn die EU mit kostengünstigeren Robotern arbeite als wir. Ob Roboter-Höchstzahlen und – Kontingente zur Anwendung kämen? Berset braucht nun mal die „Pflegeroböterli". Die schmallippige Sommaruga schnappte förmlich nach Luft. Dann gelte logischerweise, ganz bestimmt die Roboterfreizügigkeit, liess sie verlauten. Eventuell biete die EU Hand für einen Inländer-Robotervorrang light.

Erinnern wir uns an den Juncker-Kuss, die Saat geht weiter. Das nur so nebenbei.

Selbstsicher klang die Magistratin allerdings nicht, wie meistens. Wir denken, dass sie sich vor einer Roboter-Masseneinwanderungsinitiative fürchtet. Mit solch einer Initiative käme sie zwar schon klar, Angst hat sie nur vor dem dummen Volk. Wiederholt hat sie uns aber versichert, dass sie das Unbehagen des unmündigen Volkes sehr ernst nehme.

Werte Geschäftsleitung: Mit dieser Frau ein Bier zu trinken, können wir uns nicht vorstellen, wenn Sie verstehen, was wir meinen.

Damit schliessen wir die heutige Berichterstattung zu den Machenschaften der Firma Swiss Robotik Engineering & Consulting AG aus Unschuldshausen. Wir bleiben am Ball. Als „Vierte Gewalt" im Staat haben wir uns dem investigativen Journalismus verpflichtet. Wir bringen skandalträchtige Vorgänge wie diese ungeschminkt ans Licht. Morgen lesen Sie den zweiten Teil der hochbrisanten Protokolle.

Frage des Tages

Haben Sie Angst, dass Roboter Ihnen den Arbeitsplatz wegnehmen?

Roboter bedrohen über die Hälfte aller Arbeitsplätze. Haben Sie Angst um Ihren Job?
www.liberalezeitung.ch

Das Ergebnis von gestern:

Hat die Schweiz Angst vor einer Islamisierung?

9% Nein   **91% Ja**
(1'800)   **(18'200)**

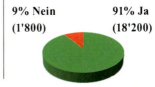

Wo kämen wir hin ohne zu lügen?

Das mit dem Lügen ist so eine Sache, heisst es doch schon in der Bibel: „Du sollst nicht lügen." Im Prinzip stimmen wir dem ja zu. Aber wo kämen wir denn hin ohne Lügen? Lügen ist ein Teil von uns. Wobei, es gibt immens viele Abstufungen, der Artenreichtum ist enorm und keineswegs vom Aussterben bedroht. Ohne Anspruch auf Vollständigkeit unterscheiden wir die Anstandslüge, ich nenne sie auch die japanische, die Notlüge, bei Katholiken immer noch eine lässliche Sünde, die Schutzlüge, ist jedem Straftäter erlaubt etc. Auch das Übertreiben, Schummeln, Fabulieren, Tricksen, Verschweigen gehören zu den unvollständigen Wahrheiten.

Wenn wir davon ausgehen, dass gemäss einer Studie der Mensch pro Tag um die 200 Mal wie auch immer lügt, ergibt dies hochgerechnet auf die Bevölkerung der Schweiz der über 20-Jährigen 1,3 Milliarden „Lügen". Eine andere Studie kommt auf die Zahl zwei, was immer noch stattlichen 13,2 Millionen Unwahrheiten pro Tag entspricht. Ganz schlimm und inakzeptabel sind Lügen, wenn Tatsachen verdreht oder Menschen bewusst in die Irre geleitet werden. Man erinnre sich da an etliche Manager.

Getoppt werden sie allemal von Politikerinnen und Politikern. Wobei, zu skrupellosen, provokativen Lügen à la Donald Trump neigen nur wenige. Gelogen wird trotzdem, was das Zeugs hält. Kaum im Amt, erliegen viele ihren Machtgelüsten, meinen zu wissen, was für die Bevölkerung gut ist. Also lügen sie für einen guten Zweck. Kreativ, und wie. So auch dann, wenn sie von linken bis rechten irrationalen Ideologien gesteuert sind. Würde sich etwas ändern, wenn wir einen Grossteil dieser Gilde auswechselten? Da habe ich meine Zweifel: „Äs menschelet ebbe."

(AWB, 1.7.2016)

Zeitung für eine liberale Schweiz

SWISS ROBOTIK ENGINEERING & CONSULTING AG

Spannung liegt in der Luft (Teil II)

Von Robo Futuro

Unsere Berichterstattung von gestern hat weite Teile der Bevölkerung aufgeschreckt. Dies beweist das Ergebnis unserer Umfrage. Mit einem Anteil von 89% Ja scheint die Angst in der Bevölkerung riesengross, dass Roboter sie weitgehend ersetzen werden. Arbeitnehmende, Gewerkschaften, Arbeitslose, Ausgesteuerte verweigern sich dem Fortschritt. Hier nun der zweite Teil der Geheimprotokolle der bundesnahen Robotik-Firma.

Zur Erinnerung: Das neue Nachrichtendienst-Gesetz mit seinem Überwachungsapparat nimmt Fahrt auf. Schon haben wir das erste Leck. Alles, was die Berater der bundesnahen Firma Swiss Robotik Engineering & Consulting AG aus Unschuldshausen mit ihren Kunden besprochen haben, wurde unserer Redaktion verbotenerweise zugespielt. Mit dem vorliegenden zweiten Teil, den wir hier abdrucken, sind unsere Leserinnen und Leser im Besitze der vollen Wahrheit.

Vertrauliche Protokolle der Berater zuhanden ihrer Geschäftsleitung Swiss Robotik Engineering & Consulting AG, Unschuldshausen

Teil II

Protokoll „Berater Save the Farmers"

Unser Geschäft mit den Bauern nimmt rasante Fahrt auf. Das kontinuierliche Bauernsterben kann man bedauern, hingegen nimmt die Zahl der Traktoren stetig zu. Was auf der einen Seite wegbricht, holt sich die andere mit links. Dank Subventionen. Mit unserem fahrerlosen „Robo-Traktor" liegen wir goldrichtig. Und auf den Bauernverband dürfen wir vertrauen. Dieser setzt mit seiner Agrarstrategie „Save the Farmers" auf bewährte Kontinuität, auf Schutz der Heimat und natürlich auf Subventionen. Pro Bauernbetrieb rechne ich mit mindestens drei „Robo-Traktoren", um die bisherigen konventionellen zu ersetzen.

Ich bin der Sache nachgegangen, warum das so ist: Drei PS-Monster braucht der moderne Bauer tatsächlich, nämlich einen für den „Güllenwagen", einen zum Gras mähen, an einem dritten wird ein Frontlader montiert. Mühsames Abkoppeln des einen Anhängerwagens und Ankoppeln eines anderen entfallen. Traktor-Sharing dürfte aus meiner Sicht kein Thema sein, weil niemand gerne Statussymbole teilt. Übrigens: Kaum ein Land besitzt mehr Traktoren pro Bauer als die Schweiz, habe ich gelesen.

Das mit den fahrerlosen Traktoren wird also der absolute Renner. Fehlt nur, dass die „Robo-Traktoren" wie die Ernährungssicherheit als Grundrecht der Bauern in die Verfassung geschrieben werden.

Meine Empfehlung: Aufnahme der Schweizer Bauern und ihrer Traditionen wie das Subventionsdankfest ins UNESCO-Welterbe.

Protokoll „Berater Nie mehr kalte Betten"

Der Präsident des Verbandes „Interessierte Spitäler und angeschlossene Ärzte" beeindruckt als cleverer Bursche. Seine Überzeugung brach förmlich aus ihm heraus: „Kalter Krieg schadet der Wirtschaft, kalte Betten schaden noch mehr!" Recht hat er und zuversichtlich ist er auch, weil Schweizer eben warme Betten lieben. Allein im Jahr 2015 zog es rund eine Million respektive 12,5% von ihnen ins wärmende Spital[1]. Mit unseren beiden Neuerfindungen, dem „Roboter pflege sanft" und dem „Roboter operiere präzis, schnell und schonend" rennen wir offene Türen ein. „Endlich können die Spitäler wachsen. Sobald die Patienten wissen, dass Roboter viel besser als Chirurgen zu Werke gehen, werden alle kommen. Sie werden uns die Operationssäle einrennen für Knie-, Hüft- und Schulterersatz. 100% Kaiserschnitte, ein absolutes Muss", jubelte der Verbands-Präsident um japsend anzufügen: „Ich bin so glücklich, ich bin nur glücklich: Alle Spitäler werden die notwendigen Fallzahlen mit links erreichen."

Mit der Spitalbranche haben wir uns einen dicken Fisch geangelt.

PS: Mein Kollege „Berater Empathie" sollte Bundesrat Berset diese Entwicklung nur in homöopathischen Dosen verklickern (vgl. Protokoll „Berater Empathie" in der gestrigen Ausgabe, Anmerkung der Redaktion). Ich meine, wegen der Kosten. Besser nur von steigender Qualität sprechen.

Protokoll „Berater Energy"

Ich wundere mich über unsere Bundesrätin Doris Leuthard (Präsidentin 2017). Locker hat sie die Abstimmung über die Energiestrategie 2050 ins Trockene gebracht, als eine Mehrheit jauchzte: „Gring ache u seckle[2]!" Jetzt zeigt die Sonnenkönigin plötzlich Nerven: „Wo nehme ich all den zusätzlichen Strom her für die hungrigen Roboter?" Ob es bereits ausfahrbare „Windrädli" auf Roboterköpfen gebe, hat sie in ihrer ganz eigenen, rustikalen Sprache nachgefragt, die Augen weit aufgerissen. Dass die Branche mit Hochdruck daran arbeitet, beruhigt sie wenig. So ernst habe ich sie bisher nie erlebt.

Man muss sich schon fragen, woher ihre plötzlichen Zweifel kommen. Normalerweise laviert sie wendig wie ein Fisch durch die Vielfalt vielfältiger Expertenmeinungen. Argumente, die nicht passen, bodigt sie selbstgefällig mit Charme. Würde ihr Dauergrinsen Strom erzeugen, das Land hätte ausgesorgt! Jetzt plötzlich klammert sich unsere Doris Nationale an jedes „Windrädli". Ich bin überzeugt, sie fürchtet den totalen Strom-Blackout.

Protokoll „Beraterin Windrädli"

Schleierhaft, wie der Verein „Wind-Still" an uns gelangt ist. Diese Naturschutzfuzzis. Ganz bewusst habe ich mit ihnen ausführlich debattiert, denn es ist nie schlecht zu wissen, was die Gegenseite plant. Und siehe da, einmal mehr verursachen die Ärger und machen Stunk. In ihren Gehirnen flattern wohl Fledermäuse. Die wollen nämlich eine Verfassungsinitiative lancieren, damit man schweizweit ein flächendeckendes Verbot für „Windrädli" auf Roboterköpfen erlässt, obwohl solche „Windrädli" doch erneuerbare Energie liefern. „Windrädli" auf Roboterköpfen seien lebensbedrohlich für Bienen, Mücken und Moskitos, behaupten die Fuzzis. Sogar selbst gebastelte Kinder-„Windrädli" sollen unter das Verbot fallen. Bei Zuwiderhandlungen schweben den Initianten happige Bussen vor. Dass ihre Forderungen eine Heerschar von Überwachungsbeamten nach sich ziehen, kümmert die nicht. Typisch links-grün.

Habe diesen Kontakt sofort abgebrochen. Kein Geschäft.

Protokoll „Berater Randalen"

Mein heutiger Kunde: Basler Polizei. In der Warteschlange die Berner, Stichwort Reithalle[3], sodann die Hamburger wegen schlechter Erfahrungen am G20-Gipfel 2017 in Hamburg[4].

Die Basler klagen, dass Demos regelmässig mit Saubannerzügen und Vandalismus aus dem Ruder laufen. Eigentlich wünscht man Veränderungen, möchte härter vorgehen, aber bitte nur in homöopathischen Dosen, so will es die rot-grüne Regierung. Da erstaunt es nicht, dass die Basler sich bloss für Polizei-Roboter der Generation „Soft" interessieren. Das effektivere Modell mit Gummiknüppeln und Tränengas stufen sie als viel zu brutal ein. Ihre Begründung, sattsam bekannt: Man lehne jegliche Unverhältnismässigkeit ab. Eingriffe in die Versammlungsfreiheit, überhaupt in die persönliche Freiheit, seien verfassungswidrig. Schliesslich sei der Wutbürger eine Tatsache. Die gelte es ernst zu nehmen.

Erwarte wenig bis keinen Umsatz. Mit den Bernern und den Hamburgern habe ich die Gespräche auf nächste Woche verschoben. Mal gucken, ob die mutiger sind.

Protokoll „Berater Money, Money"

Ich denke, es war bloss eine Frage der Zeit, bis Grossbanken und Grosskonzerne bei uns andocken. Diese Firmen leiden wirklich. Sie müssen sparen, das heisst, viel Personal abbauen. Arme Schweine, die solche Kündigungs-Gespräche jahrein, jahraus führen. Da gehe die Post ab mit Emotionen, Tränen, Drohungen, bekommt man wiederholt zu hören. Sehr belastend, könnte ich mir vorstellen. Das muss nicht sein in der heutigen Zeit.

Nachdem ich etlichen Firmen unseren „Personal-Roboter" probehalber ausgeliehen habe, werden wir mit Dankesschreiben regelrecht überhäuft. Die Bestellungen häufen sich. CEOs klopfen sich auf die Schenkel: „Wie diese „Personal-Roboterli" arbeiten, unglaublich, ganz ohne Beisshemmungen!" Die von uns sorgfältig programmierte Roboter-Empathie käme sehr gut an. Die „Menschen-Roboterli" seien sogar immun gegenüber Tränen, das Wehgeschrei der Gewerkschaften lasse sie kalt. Ich hoffe sehr, dass unsere Produktionsabteilung mit den Bestellungen Schritt hält.

Als verantwortungsvoller Berater weise ich die euphorischen Firmenchefs stets darauf hin, die Roboter unbedingt in die Belegschaft zu integrieren.

PS: Gedankenblitz für meinen Kollegen „Empathie": Auch Ärzte wünschen sich seitens ihrer Patienten mehr Empathie. Vielleicht sollten wir Patienten mit Robotern austauschen?

Nachtrag „Berater Energy"

Die arme Doris Leuthard. Gewissensbisse lassen ihr keine Ruhe. Nachdem ihr Tesla gemäss Berechnungen etwa gleich viel Strom verbraucht wie zwei Einfamilienhäuser mit je drei Bewohnern, meldet sich ihre innere Stimme wegen des Robo-Staubsaugers, den sie sich zu Weihnachten wünscht. Soll sie den doch am Tesla aufladen, dann figuriert er nicht im Wohnstromverbrauch. Kecker Ratschlag von mir, nicht wahr? Aber als Vorbild dient sie dem Volk trotzdem: Weil sie das Warmwasser im Haus nicht beim Tesla abzwacken kann, liess sie im trauten Heim extra einen kleineren Warmwasserboiler installieren.

Nachtrag „Berater Marktchancen"

In meinem letzten Bericht habe ich darauf hingewiesen, Akzeptanzbarrieren abzubauen. Diesbezüglich könnte man darauf hinweisen, dass, sollte trotz gesicherter Sicherheit ein Atomkraftwerk in die Luft gehen, Skeptiker ihre neuen Freunde, die Roboter, wertschätzen dürften. In Fukushima arbeiten die nämlich höchst zuverlässig, obwohl die Strahlung für sie als lebensgefährlich einzustufen ist.

Etwas anderes: Bitte unsere Ingenieure beauftragen, Sicherheitsmodule zur Abwehr von Hacker-Attacken gegenüber Robotern entwickeln. Die Nachfrage dafür könnte kommen. Nicht vergessen, Haftpflicht geht mit der Robo-Auslieferung stets an den Käufer. Im Kleingedruckten vermerken!

Nachtrag „Berater Service public"

Die Postchefin steckt derzeit echt in der Bredouille. Der Postauto-Skandal könnte ihr das Genick brechen. So oder so, wir müssen unbedingt Finanzbuchhaltungsroboter entwickeln, die geschickter tricksen als Menschen.

Das Leck bei der Firma Swiss Robotik Engineering & Consulting AG in Unschuldshausen wurde mittlerweile geschlossen. Wir, die Zeitung für eine liberale Schweiz, suchen bereits jetzt andere Mittel und Wege um herauszufinden, was Politik und Wirtschaft im Schilde führen. Leider ist zu befürchten, dass man dem Volk Sand in die Augen streut, sozusagen in homöopathischen Dosen. So wie die Post den Service public.

---

[1] Gemeint: stationäre Behandlung
[2] Die ehemalige erfolgreiche Schweizer Mittel- und Langstreckenläuferin Anita Weyermann hat dieses Motto kreiert.
[3] Wiederholt kommt es in der Berner Reitschule, einem autonomen Kultur- und Begegnungszentrum, zu Krawallen. Die Polizei zeigt sich eher machtlos. 2017 musste sie gar einen eingeschlossenen Kollegen befreien.
[4] Krawalle überschatteten den G20-Gipfel 2017 in Hamburg. Randalen wüteten während mehrerer Nächte, militante Linksextremisten zerstörten und plünderten Geschäfte. Die Polizei liess den Mob lange gewähren.

Stolpersteine im Advent

Hochsensibel, diese Wochen und Tage bis und mit Weihnachten. Stellen Sie sich vor, Sie geniessen den bunten Weihnachtsmarkt auf dem Barfüsserplatz, treffen sich mit ein paar Freunden bei wohlig wärmendem Glühwein. Sie verstehen sich gut mit ihren Freunden, darum sind es auch Ihre Freunde, mit ähnlichen Ansichten auf die Welt und überhaupt. Das Reizthema „Trump" zum Beispiel verbindet. Vermeiden Sie unbedingt, so etwas zu bemerken wie: „Eigentlich legt der Trump den Finger oft auf einen wunden Punkt." Weiter kommen Sie eh nicht. Ein regelrechter Shitstorm wird sich über Sie ergiessen. Zu spät, den fragwürdigen Charakter von Trump nachzuschieben. Man wird Sie als verantwortungslosen Trump-Bewunderer ausgrenzen.

    Wenn Sie beim Thema „Hunger" jetzt noch den Mut haben zu sagen, dass wir übers Ganze gesehen in die richtige Richtung gehen und die Zahl der Hunger leidenden Menschen bis vor einem Jahr abgenommen habe, dann Gnade Ihnen Gott. Herzlos ist noch das Wenigste, das die Freunde Ihnen an den Kopf werfen. Mit dem Zweihänder holen sie die Emotionen-Keule heraus. Es sei doch bekannt, dass die Bevölkerungsexplosion nicht zu stoppen und der Hunger erneut auf dem Vormarsch sei. Am liebsten würden sie Ihnen herzrührende Bilder unterernährter Kleinkinder mit grossen Augen unter die Nase reiben. Schliesslich sterbe in Afrika jede Minute ein Kind an Malaria. Was hat das mit Hunger zu tun? Die Emotionen kochen eben. Problem „Geburtenregelung" lassen Sie besser.

    Der Zwang zu Besinnlichkeit und Harmonie senkt sich wie zäher Nebel auf die Seelen, der unterschiedliche Meinungen, gar sachliche Argumente nur schwer verkraftet. Wie steht's damit im Frühling, wie im Sommer, oder im Herbst?

(AWB, 24.11.2017)

Weihnachten 2014 – Sony Center, Berlin

Es „schwallt" der Rede Fluss

Da freut Mann/Frau sich, eine liebe, bekannte Person wieder mal zu treffen. Und schon erreicht uns die herzliche, wohltuende sowie obligate Frage: „Wie geht es dir?" Ist allzu oft, gar immer öfters leider nicht so ernst gemeint. Was immer wir auf die Frage nämlich antworten, ob: „Mir geht es gut" oder „Mir geht es schlecht", spielt überhaupt keine Rolle. Für das Gegenüber ist es häufig der Startschuss für einen kaum zu bremsenden Redeschwall, gleich einem üppig fliessenden Fluss nach der Schneeschmelze.

Die nun hektisch folgende Viertelstunde, je nachdem auch länger, ist thematisch nicht vorgegeben. Äusserst beliebt erweist sich das gesundheitliche Krisenbulletin, gerade im Februar mit der allerorten grassierenden Grippe. Hoch im Kurs zudem die eigenen Heldenstorys mit einmaliger Karriere, dazu hochbegabte Kinder. Ein wenig über andere herziehen, ist ebenfalls salonfähig und ergiebig.

In einer solchen Situation schalte ich auf aktives Zuhören mit aufmerksamem Blickkontakt. Ich nicke gelegentlich, murmle leise „hm" oder „ja, ja". Wenn mein Gegenüber kurz Atem holen muss, nütze ich die seltene Gelegenheit und hake mutig ein. Kürzlich mit: „Letzte Woche waren wir in Zermatt, du glaubst es ..." Weiter kam ich nicht, wie aus der Pistole geschossen tönte es zurück: „Ja, ja, da waren wir dieses Jahr auch." Ausser Atem schaute mein Gegenüber auf die Uhr, verabschiedete sich ungeduldig mit: „Das war schön, dich zu treffen und ausgiebig miteinander zu plaudern, müssen wir bald wiederholen bei einem guten Glas Wein." Ich war erschlagen, es ging mir schlecht. Aber niemand kam und fragte: „Wie geht es dir?" – War vielleicht besser so.

(AWB, 24.2.2016)

NEVER SAY NEVER AGAIN

An Grundsätzen festzuhalten ist leicht, solange sie nicht auf die Probe gestellt werden.

Drei Jahre mögen es her sein, plus, minus. Spielt keine Rolle. Auf einmal fasziniert Blanca die Tagesschau. Echt. Kein Gähnen, kein Dösen vor der Glotze. Elektrisiert bis in die Finger- und Zehenspitzen starrt unsere Blanca gebannt auf den Bildschirm. Strahlendes Weiss. Sie kann sich kaum sattsehen an diesem herrlichen Weiss, an diesen weissen Zähnen, den makellos glitzernden Mündern der Sprecherinnen und Sprecher. Gleich ob auf Deutsch, Französisch, Englisch oder gar auf Russisch, zudem Arabisch, gepunktet wird mit schneeweissen Zähnen. Sozusagen mit globalisiertem Weiss. News verblassen ob so viel unschuldiger Schönheit. Bomben über Syrien, Atomtest in Nordkorea, Terroranschläge, Klimaerwärmung entpuppen sich als ewig stumpfes Hamsterrad. Was lässt sich daran ändern?

Blanca kommt zum Schluss: Nichts. Am Gebiss hingegen schon. Im Kleinen muss beginnen, was später leuchten soll[1]. Kein Weg, geschweige denn das Glück führt an harmonisch angeordneten, glitzernden Zähnen vorbei. Ebenmässig sollen sie sein, gerade und nicht schräg. In allen führenden Magazinen ist schliesslich zu lesen, dass eine erfolgreiche Schauspielerkarriere in Hollywood beim Zahnarzt beginnt, und nur dort. Ein Wink mit dem Zaunpfahl, damit Frau, Mann merken, was zu tun wäre, nein, was zu tun ist. Wo die Natur geschlampt oder sich abgenutzt hat, hilft nur die Korrektur.

«Soll ich, soll ich nicht, muss ich? Müsste ich?" Für Blanca ist die Versuchung riesengross, sie raubt ihr buchstäblich den Schlaf. Schneewittchenträume. Das wunderschöne Mädchen hatte eine Haut, weiss wie Schnee. Aus unerfindlichen Gründen ging das Weiss der Beisserchen im Märchen vergessen. Jedes Regietheater würde hier den zentralen Schwerpunkt erkennen und das Märchen so in die heutige Zeit setzen. Blanca findet keine Ruhe, bedeutet ihr Name doch „die Weisse, die Glänzende, die Strahlende". Die innere Stimme pocht: „Du hattest doch mal Prinzipien. Nie und nimmer werde an dir ohne Not geschnipselt, operiert, gesaugt, gespritzt. Haare färben, ein absolutes No Go. Was nun, liebe Blanca?"

Blanca überlegt lange. Erliegt sie der Versuchung, steht sie da als Windfahne, bleibt sie standhaft, verzichtet sie auf das Glück eines betörenden Gebisses. Verzweifelte Ankunft am Scheidepunkt des Lebens. Zufällig stösst sie auf eine Studie, die meint: „Innere Werte machen den Menschen attraktiver und schöner, wahre Schönheit kommt von innen." Stimmt das? Blanca zweifelt. Sie will gründlich nachdenken.

Wenn die wahre Schönheit verborgen im Inneren liegt, wäre die äussere ja unecht und gelogen. Könnte hinkommen. Blanca denkt gerade an einen Silikonbusen der Grösse XXXL. Ansonsten? Sie meint aus Erfahrung zu wissen, dass schöne Menschen dank Vorurteilen klar im Vorteil sind. Mit schiefen Zähnen, wenn jedes freundliche Lächeln zur Dracula-Grimasse wird, bleibt man aussen vor. Ausser man lächelt mit geschlossenem Mund. Wenn Augenlider hängen, strahlen Augen, halt nur verborgen und nach innen. Modemagazine liefern ihr viele weitere Beispiele. Der morgendliche Blick in den Spiegel schmerzt. Ihre Freunde berichten von ganz ähnlichen Erfahrungen.

Was vermögen innere Werte gegenüber solch schrecklichen Defekten wie eben schiefen Zähnen ausrichten? Wieviel Inneres bräuchte sie, um alle vermeintlichen Makel zu kompensieren? Sind innere Werte tatsächlich erstrebenswert? Wenn sie nach draussen dringen? Hätte zum Beispiel Präsident Trump seine inneren Werte besser unter Verschluss gehalten, er hätte die „Mutter aller Bomben[2]" nicht über Afghanistan abwerfen lassen, der bescheidene Vorgänger im Amt, Obama, würde nicht fröhlich unanständig hohe Auftrittshonorare einstreichen, Erdogan lässt man besser weg, der kotzt sich sozusagen aus. Und, warum sieht man auf der Welt so viel Eifersucht, Gier, Neid, Hass? Das Innere, nur das Innere trägt die alleinige Schuld. Das Innere, das unaufhaltsam nach aussen dringt.

Natürlich wurde Blanca als Kind eingetrichtert, das Gute im Innern zu pflegen, das, was eben zähle. Jahrzehntelange Erfahrungen haben sie eines Besseren belehrt. Wären innere Werte so matchentscheidend, abgetragene Klamotten, dickverglaste Hornbrillen, Birkenstocksandalen würden zum absoluten Renner auf dem Laufsteg. Blanca denkt sich zunehmend in Eifer. Ihre Gedanken rasen, sie fühlt sich hin- und hergerissen. Soll sie, oder soll sie nicht? Leicht macht sie sich den Entscheid nicht. Das glauben auch ihre Freunde, weil sie ebenfalls zu ihrem Inneren Sorge tragen. Mit Verzicht. Mit Verzicht und nochmals Verzicht, nur damit Leber-, Zucker- und Fettwerte stimmen. Ja, was steht dem zahnmässigen Aufhübschen eigentlich entgegen? Erneut unterbricht Blanca eine innere Stimme aus der moralisierenden Mottenkiste: „Was ist mit deinen Prinzipien?" Blanca wehrt sich: „Nie und nimmer werde ich zu einer Prinzipienreiterin. Ich bin weder stur noch intolerant." Dieses Terrain überlässt sie leichtherzig der katholischen Kirche. Gar nach bald über 2000 Jahren bleibt diese wunderbar stur. Welch Wunder. „Da wird sich so bald nichts ändern", seufzt Blanca, „ausser, man fragt Gott direkt an. Wer weiss, wie locker der alles nimmt."

Blanca entscheidet, das Leben künftig lockerer anzugehen, so wie ihr grosses Vorbild, der französische Schriftsteller und Maler Francis Picabia (1879-1953), der da geschrieben hat: „Jede Überzeugung ist eine Krankheit" und „Unser Kopf ist rund, damit das Denken die Richtung wechseln kann." Seine philosophischen Erkenntnisse erscheinen heute so populär wie gestern: So mancher ansonsten prinzipientreue Mensch vergisst manchmal, alle Steuerbelege einzureichen – kommt tatsächlich vor, lässt die Putzfrau schwarzarbeiten – soll ebenfalls vorkommen, trickst bei Versicherungen, aber nur ein klein wenig.

Als standhafte Frau pflegt Blanca eine klare Linie. Bei den Grundprinzipien. Diese sind nicht verhandelbar. So kommt Haare färben aus Prinzip nie in Frage. Höchstens ein paar Mèches liegen drin. Der Schriftsteller Picabia würde sie beglückwünschen. Liften? Ebenfalls nein. Botox? Da müsste sie erst lange überlegen, da es Schlangengift ähnlich wirkt. Zahnkorrektur? Muss sein. Aber Zahnspangen sind aus Prinzip keine Option, da sie herzhaftes Küssen verunmöglichen und Schnittlauch im Drahtgitter hängen bleibt. Pfui Teufel. Standhaft entscheidet sich unsere sechzigjährige Frau bloss für ein altersgerechtes, klitzekleines Aufhübschen. Mit nur wenigen Implantaten, etwa sieben, dazu ein paar Kronen. Nicht mehr als acht. Bloss kleine Korrektur. Aus Prinzip. Das Resultat: umwerfend. Blanca hat tatsächlich ihr Glück wiedergefunden und ihr ehemals strahlendes Lächeln zurückgewonnen. Kein Fotoapparat ist sicher vor ihr, wo immer ein Spiegel hängt, sie findet ihn. Darf man Blanca als süchtig bezeichnen? Nein, sie geht ehrlich, sie geht mit der Zeit. Bei einer Skulptur zählt ja auch nicht das Innenleben, sondern die Ästhetik. Blanca wirkt übrigens mit ihren sechzig Jahren wie eine Vierzigjährige – bis man genau hinschaut.

Das linke Augenlid, die nächste klitzekleine Baustelle von Blanca? „Never say never again", lacht sie und begibt sich fröhlich auf die Suche nach dem nächsten Spiegel.

---

[1] In Abänderung des Ausspruchs: „Im Hause muss beginnen, was leuchten soll im Vaterland" von Jeremias Gotthelf (1797-1854).
[2] 15.04.2017 - Nach dem Abwurf der grössten nichtatomaren US-Bombe über Afghanistan ist die Zahl der Toten auf über 90 gestiegen. Es soll sich ausschliesslich um Kämpfer der Terrormiliz „Islamischer Staat" handeln. Quelle Spiegel, Deutschland.

Offroader - oder neues Kleid ?

Es ist vielleicht zehn Jahre her, als sie das erste Mal meine Aufmerksamkeit erregten, die Offroader. Riesigen Insekten gleich begannen sie das Strassenbild zu prägen. Man hätte meinen können, Aliens seien gelandet. Bald wurde mir klar, welche Macht von ihnen und damit auch von der Fahrerin/vom Fahrer ausgeht, und dass der Besitz eines solchen Vehikels das Selbstwertgefühl entscheidend stärkt. Allerdings bloss so lange, als man sich nicht zu weit davon entfernt. Vielleicht kaufe ich mir zur Sicherheit besser ein neues Kleid, um meiner Person mehr Gewicht zu verleihen. Marke Prada oder Gucci müsste es schon sein. Blöd nur, dass das jeweilig neue Kleid im folgenden Jahr das alte ist usw. Trotzdem: Ich bin es mir wert.

Was sonst könnte noch helfen? Genau, das linke Augenlid zieht mein Selbstwertgefühl immens nach unten, folgt es doch den Regeln der Erdanziehungskraft wie vieles an mir. Da müsste man zumindest mit Botox-Spritzen den Hebel ansetzen; das Resultat soll bis sechs Monate halten. Überfällig wäre auch die Überholung meines Gebisses. Mit dieser neuen Technik, All-On-Four, muss das ein Klacks sein, denn vier stabile Pfeiler, abgeschaut wohl bei den Pfahlbauern, geben Halt und Stabilität, innerhalb eines einzigen Tages. Ja, mit Implantaten lächelt's sich einfach schöner.

Langsam wird mir schwindlig, wenn ich an die Kosten für mein künftig neues, gesteigertes Selbstwertgefühl denke, angefangen beim SUV von Mercedes (Sport Utility Vehicle; Geländewagen der neusten Generation). Will ich mit meiner Umgebung Schritt halten, führt aber kein Weg daran vorbei. Ein gesteigertes Selbstwertgefühl hat eben seinen Preis. Hoffentlich funktioniert's!

(AWB, 22.8.2014)

Ist das Zebra an allem schuld?

Eigentlich hätte alles seine Richtigkeit. Löwen jagen Wildhunde, Zebras, Büffel. Wildhunde stellen Gazellen, Impalas und ebenso Zebras nach. Im Rudel bringen auch Hyänen Zebras zur Strecke. Ja, in freier Wildbahn funktionieren die von Gott geschaffenen Jagd- und Fluchtinstinkte. Und genau diese Urinstinkte besitzt auch der Mensch, das gefährlichste aller Raubtiere.

Löwenstark fühlt er sich im Auto mit viel Blech ringsum sowie einer stattlichen Anzahl PS. Dieser erste Rang wird den Automobilisten höchstens von motorisierten Zweirädern strittig gemacht, die viel wendiger sind, aber ebenso schnell oder gar schneller. Die nicht motorisierten Zweiräder wiederum flitzen den beiden erstgenannten Spezies schamlos um die Ohren, überholen bei jeder Gelegenheit links und rechts, stets bereit für ein unflätiges Handzeichen. Der gemeinsame Feind von ihnen allen heisst Fussgänger, respektive Fussgängerstreifen.

Mit kreischenden Reifen und aufgestauter Wut stoppen Auto und Töff gerade mal fünf Zentimeter vor eben dem Streifen. Das Gesetz will es so. Für Velos hat es glücklicherweise zwischen den gelben Streifen deren schwarze. Flugs schlängeln sie sich durch. Die Zweibeiner wiederum, auch Fussgänger genannt, haben total vergessen, dass sie in freier Wildbahn zur Gattung der gejagten Antilopen gehören. Im Gegenteil, sie machen von ihren Rechten mehr als Gebrauch, schlendern möglichst langsam, oft in Rücklage, Stöpsel in den Ohren, SMS tippend über das gestreifte Band, ein maliziöses Lächeln auf den Lippen.

Eigentlich ist ja nicht das Zebra schuld, aber der Zebrastreifen schon. Er hat das natürliche Beuteschema komplett durcheinandergebracht.

(AWB, 31.10.2014)

Wahre Liebe geht über ...

... einen DNA-Test. Hier des Rätsels Lösung: So wie jeder Mensch einen eigenen Fingerabdruck hat, besitzt er seine ihm eigene DNA, sein spezifisches Erbgut. Und so kann der Mensch u.a. über Speichel, Blut und Haare identifiziert werden. Sobald diese Möglichkeit gegeben war, kam richtigerweise die Verbrechensbekämpfung in den 80er und 90er Jahren auf den Geschmack. Die zunehmende DNA-Fichierung ist aber – Gesetze hin oder her – nicht unproblematisch ... Oder?

DNA-Tests wurden in jüngster Zeit nämlich auch ein Thema im ausser Rand und Band geratenen Asylwesen. Votierten die einen, dass sich auf diese Weise kriminelle Taten schneller aufklären liessen, sagte u.a. der Bundesrat: „Nichts da." Das sei gegen jede Verhältnismässigkeit und verletze Grundrechte wie persönliche Freiheit, Schutz der Privatsphäre.

Von solchen Überlegungen liess sich eine Gruppe bestehender respektive werdender Väter nicht abhalten. Zu tief ihr Misstrauen, dass ihnen ein Kuckuckskind untergejubelt wurde oder noch wird, dass sie nicht die biologischen Erzeuger ihrer Kinder sind. Pro Schulklasse soll es bis zwei solcher Kinder geben. DNA-Tests mögen es richten. Wie aber kann Mann dies seiner Ehefrau/Partnerin schmackhaft machen? Stärkt ja nicht unbedingt das Vertrauen zwischen den Partnern. Und flugs entstand die Idee: Der Staat muss es richten. Hier mein Vorschlag für die Zeremonie auf dem Standesamt. Fragt der Beamte die Frau: „Wollen Sie Herrn XY zu Ihrem Ehemann nehmen? Und sind Sie bereit, als Zeichen Ihrer bedingungslosen Liebe, den Staat im Falle der Geburt eines Kindes zu ermächtigen, von Amtes wegen einen Vaterschaftstest durchzuführen, dann antworten Sie mit: Ja."

PS: Viele Männer wissen, dass gar die Frau, die sich als letzte Zarentochter ausgab, unrühmlich über einen DNA-Test gestolpert ist ...

(AWB, 5.12.2014)

NICHTS GEGEN KÜHE

Wie der Mensch auf die Kuh kam – Eine Feldforschung

Kein Bauer wäre so blöd, ein Pferd, geschweige denn eine Kuh im Sack zu kaufen. Nicht einmal „Bauer, ledig, sucht" wünscht sich eine Frau im Sack der Burka. Glücklicherweise ist das Problem, zumindest bei der Kuh, erkannt und wissenschaftlich erforscht. Bereits 1546 war in „Das neue Tier- und Arzneibuch" von Doktor Michael Herr[1,2] nachzulesen, worauf es beim Rindvieh-Erwerb ankommt. So zum Beispiel: „Wenn man die Rinder vorteilhaft kaufen will, soll das im März geschehen, zu welcher Zeit sie noch nicht zu fett sind, vor allem, wenn man sie für die Arbeit und das Joch gebrauchen will ...[3]." Äusserst bemerkenswert, was der Autor über die Kuh an sich herausgefunden hat: „Die Kuh ist ein zahmes, sehr sanftmütiges Tier, von wenig und geringem Zorn, ohne Wildheit und ohne jegliche Boshaftigkeit und ohne irgendwelche Vernunft[4]." So gesehen verdanken wir den Fortschritt im modernen „Kuhwesen" vermutlich Dr. Michael Herr. Quod esset demonstrandum, was zu beweisen wäre.

Wo Milch fliesst

Der Erwerb einer Kuh, muss man wissen, bedeutet gleich dem Kauf beispielsweise einer voll automatisierten Werkzeugmaschine eine beachtliche Investition, die sich rechnen sollte; das eingesetzte Kapital schreit nach Rendite. Gemäss „kuhdichter" (analog „wasserdicht») Rendite-Definition zählt einzig, was unten, nicht zu verwechseln mit hinten, rauskommt; der „Kuhwert" bemisst sich also einzig und allein nach ihrem Output. Wieviel Wert steckt in einem Rindvieh, wie lange wird es durchhalten? Das sind die matchentscheidenden Fragen. Ein Bauer tut gut daran, seine künftigen „Mitarbeiterinnen" genau unter die Lupe zu nehmen. Wer heute noch auf die falsche Kuh setzt, ist selber schuld. Hat der Bauer jedoch richtig hingeschaut, bevor er kauft, revanchiert sich das Huftier bis zur totalen Erschöpfung.

Genetisch verfügen die wunderbaren, duldsamen Geschöpfe namens Kühe nämlich über ein immens hohes Leistungspotential und funktionieren sowohl als Fleisch- wie als Milchlieferantinnen. Für beide Dienste besitzen sie angeborenes Talent. Man muss sich das mal vorstellen: zwei ausgereifte Talente in einem einzigen Rindvieh. Verrückt! Aber, aber: Die Kuh für alle Fälle hat längst ausgedient. Die heutige, die moderne muss fokussieren, ihre Kräfte bündeln und sich entscheiden: Entweder geht sie als Kuhkalb den schnelleren Weg, schnurstracks in die Fleischproduktion. Die zweite Möglichkeit zu ihrer Entfaltung findet sie in der Milchwirtschaft. Zwar hat sie Höchstleistungen zu erbringen, profitiert hingegen gleichzeitig von aktuellsten Entwicklungen.

Natürlich hat nur die gesunde wie willige Kuh Chancen auf diesem Markt, der alles für sie tut. Rund um die Uhr, eingebettet in eine optimiert-vernetzte Technologielandschaft mit einem ausgeklügelten Roboter-Kuh-Melk-Engineering hindert die Kuh nichts daran zu leisten, wozu sie angestellt ist. Da frohlockt des Bauern Herz. Als CEO seiner Kühe rentabilisiert er die Herde nicht länger von Hand, sondern sitzend am Bildschirm. So, dass die Milch auch ordentlich sprudle.

Zurück zur Kuh, um die geht es hier. Das Milchreservoir der Output getriebenen Milchdienerin ist riesig, wassermelonengross. Das ohne Silikon. Trüge sie einen BH, müsste für sie eine Extra-Körbchengrösse XXXXL erst geschaffen werden. Unsere Kuh, die dumme Kuh, sie trägt schwer an ihren weiblichen Reizen. Sie ahnt, was sie dem Betrieb schuldet. Die schlaue Milchspenderin lässt sich nicht von Schokolade, dafür von Kraftfutter verführen. Da kann sie einfach nicht widerstehen. Instinktiv spürt sie: Ohne dieses hochverdauliche Konzentrationsfutter kein pralles Euter, keine energetische Höchstleistung. Was würde passieren ohne Höchstleistung? Sie mag nicht daran denken. Freudig drum marschieren Berna, Heidi,

Annemone, Sarah, Schecka und wie die Kühe sonst noch heissen in die Melk-Verrichtungsbox, wo sie sich sogleich am Kraftfutter verlustieren. Brave Kühe. Mehr wird von ihnen nicht erwartet. Den Rest erledigt der omnipotente Kuh-Controller.

Sämtliche Kuh-Signale nimmt ein fest mit der Kuh verbandelter Computer auf und verarbeitet sie in Sekundenschnelle. Er schlägt Alarm, wenn die Kühe zu wenig fressen, prüft die Qualität der Milch, die Menge sowieso. Auch Kaugeräusche werden erfasst und ausgewertet. Die moderne Milch-Produktionsstrasse überlässt nichts dem Zufall. Die bisherigen Ergebnisse überflügeln die kühnsten Erwartungen. Der Output der industrialisierten Hochleistungskuh mit bis zu 10'000 Litern pro Jahr – diese Menge darf mit Fug und Recht erwartet werden – lässt sich tatsächlich sehen. Für den Bauern bedeutet das Fortschritt. Das ist sein Standpunkt, muss sein Standpunkt sein.

Der Mensch folgt der Kuh auf dem Fuss

Der Fortschritt endet keineswegs beim „Kuhwesen". Mittlerweile befassen sich Firmenchefs landauf, landab mit den Erkenntnissen der technologischen Revolution im Kuhstall. In Europa, in Amerika, in Asien, im globalisierten Überall. Was den Bauern recht, soll den Unternehmen billig sein. Erfolge rufen stets Nachahmer auf den Plan. Allerdings lässt sich der „Kuh-Markt" mit seinen Gesetzmässigkeiten nicht tel quel auf den Arbeitsmarkt übertragen. Stellen Arbeitgeber zum Beispiel eine falsche Mitarbeiterin ein, verpflichten sie einen ungeeigneten Mitarbeiter – wer wollte sie dafür rügen? Schliesslich dürfen sie den neuen Mitarbeitenden nicht ins Maul schauen. Punkto Alter haben sie klar dazugelernt. Und wie. Mitarbeiter, älter als 50, gelten als unkalkulierbares Risiko.

In einem gewissen Sinne kauft der Arbeitgeber den Mitarbeitenden im Sack, frisches Fleisch ist nur die halbe Miete. An der Oberfläche darf kein Arbeitgeber kratzen. Vieles bleibt nebulös. So fehlen Gesundheitsdaten, Angaben zu auffälligen

Krankheiten, Erbdefiziten in der weiteren Familie, ebenso zu Suchtverhalten, Belastbarkeit, Ausdauer und insbesondere zu Burn-out-Tendenzen. All diese Momente hält der Mitarbeiter unter Verschluss. Seine Privatsphäre bleibt geschützt, zum Nachteil der Firmen. So kann der Arbeitnehmende, anders als unsere vernunftlose Kuh, vieles verheimlichen. Der Output hingegen bringt die Wahrheit an den Tag.

Gierig saugt die moderne Arbeitswelt die Errungenschaften aus der Milchindustrie auf. Die „Kuh-Engineering-Innovationen" schwappen über. Wäre ja gelacht, Arbeitgeber wären blöder denn Bauern. Gleich einem Landwirt messen sie mühelos die Arbeitsproduktivität ihrer menschlichen Herden, bis etliche Stellen genau nach dem Komma. Dank detaillierter Software, basierend auf modernster IT-Architektur. Auf Knopfdruck sieht der Chef, wie viele Anrufe der/die Einzelne pro Stunde erledigt, wie viele Verkaufsabschlüsse er/sie tätigt und was unter dem Strich bilanzwirksam verbucht werden kann. Solche IT-Schlossanlagen kosten natürlich, kosten eine Stange Geld. Aber es rechnet sich, messbar an der Angstintensität der Belegschaften. Ein CEO eines mittelgrossen Unternehmens habe das notwendige Geld mehr als freudig lockergemacht, wird berichtet. Endlich könne er die Arbeitsleistung der „faulen Säcke" gar stündlich abrufen. Dieser CEO ist übrigens weiterum bekannt als passionierter Jäger, mit Schwerpunkt Treibjagd.

Wer hätte je gedacht, dass Kühe und Menschen einander so nahestehen. Anscheinend stammt der Mensch doch nicht vom Affen ab.

Stammt der Mensch von der Kuh ab?

Soll das Individuum leisten, benötigt es Kraftfutter der Marke „Mitarbeitermotivation". Das weiss der verantwortungsvolle Arbeitgeber und handelt danach. Per Mail, genauer per Mails (Mehrzahl von Mail) und per „SMSsss" (Mehrzahl von SMS) kommuniziert er mit seinen Lohntütenempfängern bei Tag und Nacht, am Arbeitsplatz wie in den Ferien. Und er fördert den Teamgeist über ganz grosse Büros mit ganz vielen Arbeitsplätzen und ganz wenig Raum. Auch hornlose Kühe brauchen weniger Platz. Teamevents lassen sich die Chefs ebenfalls eine Stange Geld kosten. Ja, was tut man nicht alles für eine leistungsorientierte Betriebskultur, für ein harmonisches, marktadäquates Wohlbefinden. So lange der Output stimmt!

Leider bleiben Misserfolge nicht aus, obwohl der Arbeitgeber alles gibt. Siehe oben. Immer wieder kommt es vor, dass Mitarbeitende die Leistung nicht, respektive nicht mehr erbringen, Neues nur schwerlich dazulernen oder noch schlimmer, älter als fünfzig werden. Undank ist der Welten Lohn, sagt sich ein mancher Chef. Kann man es der Gilde verübeln, dass sie sich zur „Gewerkschaft der Boni-Retter" zusammengeschlossen hat? Sie ist schliesslich die Leidtragende. Zwar zählt die Schweiz rund 600'000 Firmen. Eine stattliche Anzahl. Dieser steht aber eine Übermacht von rund 5 Millionen Arbeitnehmenden gegenüber, die immense Kosten verursachen. Brandgefährlich, wenn diese Mehrheit in populistischer Art und Weise die Minderheit, in unserem Fall die Arbeitgeberschaft, drangsaliert. Wie also die Unternehmer schützen?

Die Lösung funktioniert einfach wie verblüffend, sie ist aus der modernen Arbeitswelt kaum mehr wegzudenken: Mitarbeitende können ohne jegliche Begründung an den Staat zurückgegeben werden, nach Jahren, gar nach Jahrzehnten, jederzeit und einfach so. Ohne mit der Wimper zu zucken nimmt der Staat die mangelhafte oder beschädigte Ware zurück. Er rezykliert sie, wenn möglich für den Wiedereintritt in den Markt, oder sie landet auf dem allgemeinen Kompost, wo fürsorglich für sie gesorgt wird. Davon wagen Kühe nicht mal zu träumen. Damit der Markt nicht austrocknet, sorgt der Staat unentwegt für frisches Fleisch, für gut ausgebildete junge Frauen und Männer, kostengünstige Ware. Eine wahrlich florierende Tauschbörse, mit schalem Nachgeschmack.

Was soll's. Schon Kolumbus tauschte wertlose Glasperlenketten gegen junge, kräftige Sklaven. Männiglich mag staunen, welche Parallelen zwischen modernem „Kuhwesen" und aktuellem Arbeitsmarkt bestehen. Mit klitzekleinen Unterschieden. Die Frage sei erlaubt: Würde die Kuh protestieren, denn sie könnte?!

[1] Doktor Michael Herr „Das neue Tier- und Arzneibuch", 1546. Original in der Herzog-August-Bibliothek Wolfenbüttel, Signatur: Nh 4 61
[2] Neuauflage 1994, basierend auf dem Original; Herausgeber G. Sollbach. Königshausen & Neumann GmbH, Würzburg 1994, ISBN 3-88749-831-6.
[3] ebd. S. 106
[4] ebd. S. 113

EPILOG

Das Nachspiel

Der Zug fährt, der Zug rast, es knallt die Peitsche. Der Fortschritt lacht sich ins Fäustchen und fährt mit. Der Zug kennt nur eines: Tempo, Tempo. Immer schneller, schneller als der Schall. Ja, schnell ist die Zeit.

Unersättlich ist er, der Zug. An den Endknall glaubt er nicht. Schliesslich hat er ein Ziel. Hinter dem Ziel wartet schon das nächste. Kein Bremssystem hindert und behindert. Dieser Ballast wurde längst ausgebaut, damit diese Last den Zug nicht weiter belaste. Er wurde eliminiert auf Rat von Beratern bei Beratungsfirmen. Warum? Wir können sie nicht mehr fragen, sie haben sich längst aus dem Staub gemacht.

Die Fensterscheiben im Zug sind klinisch sauber geputzt. Ein Blick nach draussen wäre möglich. Man könnte das Grün der Wiesen riechen, die sanft ansteigenden Hügel fühlen, das zarte Wispern der sich im Winde schaukelnden Ähren hören. Die vom unübersehbaren Zerfall gezeichneten Bergspitzen sehen, die Idylle der wie Pilze aus dem Boden schiessenden Siedlungen bewundern. Wenn Flugzeuge knapp über die Erde donnern, träumen von Ferien am Strand.

Doch der Zug rast zu schnell, die Fenster schliessen hermetisch abgedichtet. Man müsste sie einschlagen. Wenn mit einem Stein, käme dies einer Revolution gleich. Wer hätte dazu ein Recht? Wilhelm Tell würde nicht zögern, Arnold Winkelried opferte sich erneut. Aber die Zeiten haben sich geändert und wir mit ihnen.

Die Reisenden müssten den Aufstand proben. Sie sind wie Schienen, die der Zug braucht, auf denen er fährt. Mit seinem Tempo jedoch können sie nicht Schritt halten. Ein paar Wagemutige versuchten, die Weichen umzustellen. Der Zug liess es nicht zu.

Die Reisenden, die Schienen seufzen, sie stöhnen, Schrauben lockern sich, ausgebrannte, verbogene Teile sind laufend zu ersetzen. Immer schneller, immer öfter. Und der Zug rast, es knallt die Peitsche, die reisenden Schienen ächzen. Sie sind eins geworden mit dem Zug bei Tag und bei Nacht.

Die Natur staunt, die letzten ziellos grasenden Kühe, die ihren Zug verpasst haben, glotzen verständnislos.

Dynamik aus dem Betonmischer

Beat Müller nennen wir unseren jungen Mann. Er könnte ebenso gut Beat Meier oder Beat Wunderlin heissen. So oder so, der Vorname Beat muss bleiben, kommt aus dem Lateinischen und bedeutet „der Glückliche". Unser junger Mann, frisch ab höherer Presse, stürzt sich voll Tatendrang in die Arbeitswelt. Er sprüht vor Geist und Dynamik, will hart arbeiten, etwas bewegen und heuert an bei einem grossen Weltkonzern. Und wie es heute halt so geht, steht schon bald die erste Umstrukturierung ins Haus. „Dynamik Plus" heisst das Projekt. Strukturen, Arbeitsabläufe, Technik, Mitarbeitende, alles kommt auf die Goldwaage und wird kräftig geschüttelt. Beat meint, in einem Betonmischer gelandet zu sein. Bald wird klar, die Empfehlungen einer externen Beratungsfirma geben den Ausschlag darüber, was und wer weiterhin Verwendung findet. Das Resultat freut Investoren, Verwaltungsräte wie Geschäftsleitung! Unser Beat, obwohl im Projektteam nicht unwichtig, bleibt zusammen mit anderen auf der Strecke.

Macht nichts. Headhunter stehen zuhauf auf dem Teppich für junge, gut ausgebildete Leute. Beim nächsten Mal klappt's hoffentlich besser. Zwar erwacht Beat nach der Betonmischphase in einem Grossraumbüro, aber der Job ist okay. Er wird gebraucht und ist für den Chef Tag und Nacht über Handy erreichbar. Ein paar Jahre später ist es wieder so weit. Diesmal landet Beat im Fliessbandbüro, desillusioniert, dafür umso dynamischer in der Freizeit.

Mittlerweile ist Beat 55 Jahre alt. Headhunter interessieren sich kaum weiter für ihn. Er ist gerade arbeitslos und hasst Wörter wie „Dynamik", „Chance" und dergleichen. Wenn aus Beton, erfreut ihn nicht mal das schönste Kunstwerk.

(AWB, 22.5.2015)

Vertrieben aus dem Paradies?

Wer hätte das gedacht. Vor zweihundert Jahren war die Schweiz noch das Armenhaus Europas. Heute ist sie eines der reichsten Länder der Welt. Viele beneiden uns um unseren Erfolg, der so selbstverständlich nicht ist. Verglichen mit andern Ländern ist die Schweiz rohstoffmässig nämlich arm. Unser Wirtschaftswunder fusst auf anderem. Auf Unternehmertum sowie Fleiss, Disziplin und Ordnungssinn. Auch Glück und List tragen immer wieder das Ihre dazu bei.

Wie dem auch sei, wir brachten es mit all unseren Tugenden zu paradiesischen Zuständen, mit einer über AHV/IV sowie BVG ausgebauten Altersvorsorge, Autobahnen durchs ganze Land. Alle 500 Meter gab es bis vor Kurzem eine freundliche Poststelle und eine kompetente Bankfiliale, den öffentlichen Verkehr zu moderaten Preisen. Praktisch in jeder Gemeinde ein Garten- oder ein Hallenbad. Auf ein Ruftaxi nach Mitternacht hatte ebenfalls jedermann Anrecht. Und erst das Gesundheitswesen. Eine jede, ein jeder geht zu so vielen Spezialisten, wie sie/er will. Alles geht natürlich auf Kasse.

Schleichend, aber es kam, das böse Erwachen. Ohne Scheuklappen hätten es alle voraussehen müssen. Die Einnahmen halten mit den Ausgaben immer weniger Schritt. Andere Gleichgewichte wanken ebenfalls, zum Beispiel das zwischen Jung und Alt, denn die Pyramide steht Kopf. Geld fehlt allenthalben, der Rotstift wird angesetzt, die Blasen platzen. Es gibt Veränderungen, auch einschneidende: T-Shirts und Golfbälle aus China könnten zum Beispiel teurer werden, wenn die dortigen Arbeiter, unzufrieden mit ihren Löhnen, es wagen zu streiken. Der Wohlstand, wie wir ihn lieben, wackelt. – Vielleicht sollten wir unser Paradies einfach neu definieren.

PS: Bei den Abstimmungen zur Altersreform im September 2017 klammerten sich wohl die meisten an ihr jeweilig eigenes Paradies.

(AWB, 27.6.2014)

NIEMAND WIRD ALS GROSSMUTTER GEBOREN

Auch nicht als Grossvater

Wird man Grossmutter, Grossvater, das Leben verändert sich kolossal. Nicht über Nacht; das ist gut so, wie die Erfahrung zeigt. Sechs Monate vor dem finalen Ereignis erfahren wir – oh Wonne, wer hätte das gedacht –, dass Baby im Anzug. Gut 180 ganze Tage, 180 lange Nächte müssten eigentlich reichen, uns auf die neue Situation vorzubereiten. Schliesslich sind nicht wir schwanger, fahren quasi bloss im Seitenwagen mit. Aber „ohalätz". Die lieben Freunde und Bekannten. Unaufhaltsam sprudeln ihre Ratschläge. Überhaupt bohren und wühlen sie seit Jahren, ob überhaupt, und wenn ja, wann mit Enkeln zu rechnen sei. Enkel, das Lieblingsthema einer ganzen Rentnergeneration. Die weniger Gesegneten berichten von nur einem einzigen Enkel, dafür ausführlich sowie detailgetreu. Die Potenteren sonnen sich im Besitze von zumindest 2, 4, 6, gar 10 Grosskindern. Eitler Stolz treibt nimmermüde Blüten.

Sogar wir haben es geschafft. Der jahrelange Status warnendes Orange hüpfte dankbar auf sattes Grün, definitives Rot blieb uns dank eigenen Kindern erspart. Wie müssen sich Paare fühlen, die während Jahren vergeblich ein Baby wünschen, umgeben von Schwangerschaften, vom Thema „Kinder", überall und ohne Ende? Unbarmherzig bestimmt die Gesellschaft die soziale Ordnung: unterste Stufe gleich keine Kinder; zweitunterste Stufe: Kinder, aber keine Grosskinder; dritte Stufe: eigene Kinder plus 1 Grosskind etc. Auch in Indien pflegt man bis heute das Kastensystem. Zuviel Sensibilität kann sich unsere Welt nun mal nicht leisten.

Auf Anhieb gehören wir zu den privilegierten Grosseltern. Wir erwarten nämlich Zwillinge, genauer gesagt ein Mädchen in Begleitung eines Jungen – oder umgekehrt. Nachwuchs beiderlei Geschlechts also. Eine plötzliche Nachdenklichkeit macht sich breit. Fragen über Fragen türmen sich auf gleich einem riesigen Wolkengebilde: Rosa für das Mädchen, Hellblau für den Buben? Puppe für sie, Auto für ihn? Flanieren Sie einfach durch einen COOP oder Jumbo, die Rosa-Blau-Unterschiede beginnen bereits bei den Papptellern. Ungewollt werden wir in die Genderdiskussion katapultiert. Welche Unterschiede zwischen weiblichen und männlichen Wesen gelten als naturgegeben, welche als anerzogen oder abgeschaut? Achten worauf? Kommt Zeit, kommt Rat. Bitte kein Stress, unser künftiger Status heisst nicht Elternschaft. Die Vorbereitungszeit aufs Grosselternsein gehen wir locker an. Viel Raum für Theater, Country Festivals, Velofahren, Tennisspielen und Ferien, wann immer uns danach zumute ist oder bloss müssiggängerisch durch die Tage flanieren. Hütedienst? Was wollen wir? Was wird gewünscht? – Eilt ja nicht, dachten wir jedenfalls.

Unverhofft landen wir im Schwitzkasten arrivierter Omis und Opis, die uns freudig-gestresst zur Brust nehmen. Ihre Argumente scheinen einleuchtend: Sporadische Enkelbetreuung sei gut und schön, regelmässig, fest eingeplantes Hüten während ein bis zwei Wochentagen viel besser, zudem die einzige Möglichkeit, zu den Enkeln eine tragfähige Beziehung aufzubauen und gleichzeitig schweineteure KITA-Betreuung zu vermeiden. Dann kommt's knüppeldick: „Endlich habt ihr zwei Rentner wieder eine sinnvolle Aufgabe im Leben." Uns sträuben sich die Haare wie einem Pitbull im Angriffsmodus. „Nundefahne nonemoole", müssen, wollen wir uns diesem Gesellschaftsdruck beugen? Kommt nicht in die Tüte! – Stopp, stopp. – Tief atmen, tief atmen. Natürlich werden wir uns ein wenig um die Kleinen kümmern, vielleicht sogar ein wenig mehr. Denn Grossmütter braucht das Land in bisher nie dagewesenem Ausmass.

Doch wie steht es mit den Grossvätern? Wenn Pampers voll, wechseln sie flugs ins zweite Glied. – Na ja. Das hat sich halt so ergeben, schon als sie Väter waren. Ihre Väter und deren Väter und die Väter zuvor wie auch deren Väter hielten es genauso. Sehen wir gnädig darüber hinweg. Fährt später die Brio-

Eisenbahn ins Kinderzimmer, mischen sie gleich vorne mit. Und als Gegenpol zu den Wohlfühl-Kuschelpädagoginnen in Kindergärten wie Primarschulen retten sie die Weltordnung. Was Grossväter bei den verkackten Windeln verpassen, bringen sie gendermässig allein dank ihrer Existenz wieder ins Lot. Tröstlich.

Ob das genügt, steht auf einem anderen Blatt. Kaum ist der erste Baby-Schrei in die neue Welt posaunt, schnappt die Rosa-Hellblau-Falle zu. All die klugen Überlegungen von zuvor nützen nichts. „Wie hübsch unsere Prinzessin, was für ein strammer Bursche", so und ähnlich unsere begeisternden Ausrufe. Jahrzehntelange stereotype Werbung hat sich, oh Schreck, in unseren Köpfen fest eingenistet. Haben Sie gewusst, dass es eine Zeit gab, da richtige Jungen Rosa trugen? Das „kleine Rot" mutierte im Erwachsenenalter zu Rot als Signalfarbe der Männlichkeit. Anmutiges Blau war den Mädchen vorbehalten, in Anlehnung an die Jungfrau Maria. Hat einzig die Werbung unsere Sinne vernebelt oder folgt sie bloss unterschwelligen, gesellschaftlichen Normen? Und macht sie zu viel Geld? Überlassen wir das Terrain der Mann-Frau-Forschung, die keinen abgenagten Knochen verschmäht.

Ein ganz anderes Thema: Die Erfahrung der Alten. Zugegeben, wir haben weder einen Master, geschweige einen MBA in Grosselternschaft. Wenn das nur gut kommt. Im Wandel der Moden verändert sich viel, und freudig lernen wir dazu. Macht der Säugling beispielsweise den kleinsten Mucks, von Schreien/Weinen weit entfernt, schon jucken die jungen Eltern auf zur neuen Olympia-Disziplin: Säugling liebevoll in den Arm nehmen, horizontal hin- und herwiegen und gleichzeitig mit beiden Knien in vertikaler Bewegung sanft auf- und ab wippen. Langsames, Giraffen ähnliches Gehen, wobei die Knie abwechslungsweise einen Winkel von etwa 30 Grad aufweisen, funktioniert ebenfalls. Für uns als Oma und Opa eine beachtliche Challenge, ohne gute Kondition lässt sich diese Aufgabe nicht erfüllen. Wir beklagen uns aber nicht, nein, wir sind echt dankbar. Die neue Sportart kräftigt nämlich Gleichgewichtssinn sowie Koordinationsvermögen. Beides ganz wichtig im Alter. Sturzprophylaxe.

Derart bleiben wir jung und fit. Darüber hinaus werden wir reichlich beschenkt. Enkel aufwachsen zu sehen, sie zu begleiten, welch kostbares Geschenk. Ein Glück, das wir nimmermehr missen möchten, nachdem eine gute Grosskinder-Grosseltern-Life-Balance (vgl. Work-Life-Balance) gefunden wurde. Stolz pilotieren wir den „SUV"-Zwillingswagen durch die Gegend – wo männiglich uns kennt. Kein noch so kleiner Fortschritt entgeht unseren Augen. Nicht dass wir die kleinen Spatzen jeden Tag betreuen, ein halber Tag pro Woche, manchmal etwas mehr, passt. Wir haben den Mut gefunden, ebenso unser Leben zu leben. Manchmal staunen wir nicht schlecht, wie langsam Babys sich im Gegensatz zu Tieren entwickeln. Die Erziehung eines Wurfs kleiner Löwen zum Beispiel, ein Klacks; das Muttertier macht's intuitiv richtig. Menschen benötigen wissenschaftliche Studien und dicke

Instinktiv bringt eine Löwenmutter ihr Baby in Sicherheit.
(Serengeti/Tansania, 2015)

Bücher, um die fehlenden Urinstinkte wettzumachen. Gut, sie sind ja keine Tiere. Der Pragmatismus von früher, dem wir nach wie vor hingebungsvoll huldigen, wird misstrauisch beäugt. Kommt nicht immer gut an. Trotzdem haben wir uns als Oma/Opa eine gewisse Eigenständigkeit bewahrt. Mutig, ohne wissenschaftlichen Hintergrund, lassen wir die Kleinen die Welt entdecken, ertragen frustriertes „Zwängele" mit stoischer Ruhe. Ein paar lange Minuten halten wir schon durch. Wer weiss, vielleicht vermögen wir damit Pfade für die Zukunft zu legen. Das eigene Glücksgefühl, wenn den Enkeln nach dem „Zwängele" etwas gelingt, wärmt das Herz enorm.

Natürlich möchten wir als Grosseltern nichts falsch machen. Was ist gut für das Kind, was könnte ihm schaden, welche pädagogischen Erkenntnisse, vor allem welche Trends wären zu beachten? Alles Bisherige wird wissenschaftlich analysiert, insbesondere Kinderbücher. Kinderbücher? Da war doch was? Wir durchwühlen lustvoll die Schatztruhe der Erinnerungen. Wie eh und je stehen sie da im übervollen, knatschroten Gestell, vom „Rösslein Hü", „Fridolin und Möpsli", „Der Xaver und der Wastl", „Bum und Bless im Hundehimmel", „Die kleine Hexe", drei Bände „Räuber Hotzenplotz" bis hin zu „Grimms Märchen", „Pipi Langstrumpf" und, und, und. Herrliche Kinderliteratur, die Neugier wie Phantasie fördert. Politisch korrekt gelten etliche Kinderklassiker nicht. Brandgefährlich sagen Spezialisten. Spezialisten wofür? Auf alle Fälle blasen sie zur Jagd: Kinder dürfen sich nicht länger als Türken, Chinesenmädchen und Neger verkleiden. Ausweichen auf Indianer oder Eskimo kommt nicht in Frage, ebenfalls tabu, Araber wäre islamfeindlich. Aus dem „Negerkönig" wird ein Südseekönig, „Negersprache" wird zu „Taka-Tuka"-Sprache, aus Türken werden Cowboys. Einfach grandios, wie wir mit dem Auswechseln einzelner Worte zu politischer Korrektheit kommen. Wichtige, brennende Fragen unserer Zeit sind gelöst, die Gedanken bleiben frei. Die alten, sensiblen Kinderbücher behalten übrigens bei uns ihren Platz, im knatschroten Gestell. Ohne Wenn und Aber.

Übrigens, da kommt mir gerade in den Sinn und das ist die reine Wahrheit und nicht geflunkert: Mein Pfadiname ist „Neger". Drauf bin ich bis heute stolz. Auf diesen Namen hat man mich getauft, weil meine Haut im Sommer schnell bräunt. Heute wäre das ein No-Go, auch wie die Taufe ablief: Verbundene Augen, an einen Baum gefesselt hatte ich ein scheussliches Getränk zu schlucken. Diesen Moment des Dazugehörens möchte ich nimmermehr missen. Heutzutage käme ein Aufschrei: rassistisches Mobbing! Wo lauern die nächsten pädagogischen Fallstricke? Die Erziehungsindustrie für Kinder wird sich kaum lumpen lassen. Im Rückblick grenzt es an ein Wunder, wie gut unsere eigenen Kinder als „Überbleibsel der alten Erziehung" herausgekommen sind. Auf die Idee des vorauseilenden Trostspendens wäre niemand gekommen.

Übrigens, wissen Sie, warum Menschen heutzutage so alt werden? Ganz einfach: Grosseltern, Tanten, Onkel sollen neue Erdenbürger möglichst lange hütend begleiten. Wenn's nicht anders geht, gar mit Pragmatismus. Die Natur hat sich den neuen Anforderungen wunderbar angepasst.

Was macht Frau denn falsch?

Ich bin klar der Meinung, dass es zu wenig Frauen in Führungskadern, auf Chefetagen und in Verwaltungsräten gibt. Gleichzeitig halte ich aber nichts von einer Quotenregelung. Vielmehr versuche ich der Frage nachzugehen, ob Frau irgendetwas falsch macht im Leben. Hier meine tief philosophischen Erkenntnisse: 100% der Macht liegt in den Händen der Frauen, wenn es ums Kindergebären geht. Im Kindergarten und an Primarschulen unterrichten praktisch nur Frauen, wir bleiben nahe bei 100%. In den weiterführenden Schulen sind Mädchen fleissiger als Knaben, an Universitäten gibt es mehr Studentinnen als Studenten. Die natürliche Frauenquote liegt erfreulicherweise klar über 50%.

Dann kommt der grosse Bruch, ein eigentlicher Riss im Leben karriereorientierter Frauen. Die Wirtschaft liebt fleissige Weibchen. Aber Mann lässt Frau nicht unbedingt an die Macht. Gut, umgekehrt würden wir Frauen es ja nicht anders halten. In Wellen erhitzt der Ruf nach Frauenquoten die Gemüter. Was die einen wünschen, verteufeln die andern. Einmal mehr sehen wir ein zerstrittenes, gespaltenes Volk. Die 100%-Quote für Frauen in Chefetagen bleibt Wunschdenken. Soviel wird klar.

Doch Gerechtigkeit setzt sich durch, wenn auch spät. Nach aktivem Berufsleben beginnt für Mann wie Frau das Alter. Ab diesem Zeitpunkt segnet die Natur vor allem Frauen. Wir sind nicht weit von 100% entfernt. Weil gesünder und überhaupt, leben wir eben viel länger als Männer. Nach dieser ehrlichen Auslegeordnung komme ich zum Schluss: Eigentlich macht Frau nichts falsch. Ein paar Dinge sollten wir hingegen unbedingt ändern, an Vielem jedoch festhalten. Ob Männer und Frauen sich diesbezüglich je einigen?

(AWB, März 2014)

Wow: drei Dinge auf einmal!

Mit feministisch-freudigem Entzücken nahm ich zur Kenntnis: Das können nur Frauen, drei Dinge zugleich auf die Schiene bringen. Zumindest wurde das so über Jahre hinweg kolportiert, in allen Medien, immer wieder, bis die frohe Kunde sich zur unerschütterlichen Wahrheit und Überzeugung mauserte. Das sei bloss ein Mythos, monierte bald einmal die Wissenschaft. Bei komplexen Aufgaben sei Multitasking Energieverschwendung mit hoher Fehlerquote.

Nun, die Wissenschaft kann mich mal. Gleich habe ich ihr störendes, superkluges Gefasel unter den Tisch gewischt, gemäss: Aus dem Auge, aus dem Sinn. Und meine verheissungsvolle Welt ist wieder in Ordnung. Schliesslich war es schon immer eines meiner grössten Talente, alles auf einmal im Tempo des gehetzten Affen zu erledigen.

Natürlich geht bei meiner optimierten Zeitverwendung manchmal etwas schief. Es ist nicht der Rede wert: So stehe ich vor dem Kochherd. Ich koche leidenschaftlich gerne, mal einfach, mal kompliziert. Diesmal will ich nur kurz die Kalbsteaks vor dem Niedergaren kräftig anbraten. Gleichzeitig plaudere ich über Handy, dank einem drahtlosen Headset freihändig, mit meiner Schwester aus dem Berner Oberland und kritzle mühelos schräge Ideen für die nächste AWB-Kolumne auf einen Zeitungsrand. Gut, das mit den Kalbsteaks ging leicht daneben. Die waren bald einmal durchgebraten, was das Niedergaren erübrigte. Zudem meckerte meine ansonsten so liebenswürdige Schwester, dass ich ihr nicht richtig zuhöre. Und all die tollen Ideen fürs AWB gingen unwiederbringlich verloren. Die Zeitung landete beim Altpapier und wurde von meinem unsensiblen Mann schon entsorgt. Ich habe den Verlust zu spät bemerkt.

(AWB, 20.5.2016)

Es rattert und dröhnt im Kopf

Früher versuchte ich, mit Autogenem Training zur Ruhe zu kommen. Alle meine Gedanken kreisten um das eine Wort: Entspannung. Die Kursleiterin gab Anweisungen, ihre beschwörende Stimme wurde leiser und leiser. Endlich erreichten meine Arme den Zustand eines „Pflömm"-Puddings, das rechte Bein folgte, das linke liess sich Zeit. Die verkrampfte rechte Schulter suchte Erleichterung, indem sie den rechten Arm bewegte. Vergeblich mahnte das Gehirn zur Ruhe. Es wurde überrannt von sich jagenden Gedanken. Sie rattern mit Getöse wie Ferraris auf der Rennstrecke in Monza. Autogenes Training, alles in allem für mich ein untauglicher Versuch, loszulassen. Mein Bewusstsein kreiert Spannung über Hochspannung in der Endlosschleife, womit die Existenz des Perpetuum mobile einmal mehr bewiesen sei.

    Selbstverständlich habe ich auch Yoga ausprobiert. Schon die Bilder der verschiedenen Stellungen wie Kobra, Bogen etc. haben es mir angetan. So viel Gutes bekommt der Körper dabei. Sogar das Gehirn lässt los. Aber sachte, sachte, sollte man an die Sache herangehen. Ansonsten drohen Überdehnungen bis zum Bandscheibenvorfall. Mit andern Worten, für ein befriedigendes Resultat müsste man stundenlang üben. Doch Vorsicht! Im „Postillon" ist nämlich zu lesen, dass ein Mann ein Yoga-Burnout-Syndrom wegen zu viel Yoga erlitten habe.

    Komisch. Wenn ich im Garten schnell Küchenkräuter hole, an Rosmarin, Thymian, Salbei rieche, wenn ich barfuss gehe, feuchtes, weiches Gras meine Fusssohlen weich streichelt, warme Steinplatten mich mit einer Leichtigkeit des Seins überziehen, stehen die Gedanken still, als wären sie nie dagewesen, geschweige denn, es gäbe eine Dringlichkeit.

(AWB, 1.9.2017)

UNESCO für eine bessere Welt

Paukenschlag, Trommelfeuer. Die Basler Fasnacht ist jüngst in die Liste des immateriellen Kulturerbes aufgenommen worden, anerkannt als veritables, schützenswertes Gut. Man fühlt sich bestätigt, man ist stolz, man ist bereit, diese vielfältige und einmalige Tradition weiterhin sorgfältig zu pflegen. Auch die Orgel als „Königin der Instrumente" und ihre Herstellung gehört zu den erst 400 immateriellen Traditionen im UNESCO-Himmel. Andere jahrhundertelange, gar jahrtausendealte Gepflogenheiten wie häusliche Gewalt würden vergeblich anklopfen. Bisher hat auch niemand gewagt, das lieb gewonnene, äusserst lebendige Brauchtum schützen zu lassen. Sexuelle Gewalt bliebe ebenfalls chancenlos. Hingegen sollte man unbedingt das Flirten in lustvollem Einvernehmen UNESCO-mässig stärken, ebenso wie die menschliche Nähe beim Kommunizieren von Angesicht zu Angesicht.

Beim Waffen-Engineering liegen die Dinge komplett anders. Was will man da bewahren, wenn immer neue Vernichtungsinstrumente entwickelt werden. Schliesslich soll man weder den Fortschritt noch die Wirtschaft behindern. Ja, die UNESCO hat sich etwas dabei gedacht, als sie die Aufnahmebedingungen ausgetüftelt hat. Im Bereich der schützenswerten Stätten haben zerbombte Städte zum Beispiel keinen Platz. Man geht davon aus, dass sie zuversichtlich wieder aufgebaut werden, bevor erneut zerstört wird. Ein Nein gäbe es überdies für abgestorbene Riffs im Segment Weltnaturerbe. Die entsprechenden Bilder stören das ästhetische Auge.

Packen wir das Neue Jahr mit grosser Zuversichtlichkeit an, im Wissen darum, dass die nächste Generation und dann wiederum die nächste und alle weiteren Nachkommen noch viel zu tun haben.

(AWB, 5.1.2018)

DANKESCHÖNER

Das Werk ist vollendet und damit der Zeitpunkt gekommen zu danken, mich zu verneigen nach allen Himmelsrichtungen. Gar viele Menschen haben nämlich zum Buch beigetragen, bewusst oder unbewusst, aus freien Stücken oder ungewollt. So oder so, dank ihnen wurde das Buch schöner und boshafter. Ich sage: DANKE.

Allen voran meinem Ehemann Peter. Er hat mich als Autorin durch alle Höhen und Tiefen liebevoll wie auch kritisch begleitet, und viele von ihm erzählte Episoden führten als wertvolle Schnipsel zu den schrägen Geschichten und Kolumnen. Darüber hinaus stammen praktisch alle Fotos aus seinem reichhaltigen Fundus.

Ein herzliches Dankeschön gebührt ebenso Fritz Frey, meinem Verleger. Ich bin dankbar, dass er sich von Beginn weg bereiterklärt hat, das Buch zu veröffentlichen. Oft entdeckte er in den Geschichten philosophische Gedanken und Zusammenhänge, die mir zuvor überhaupt nicht bewusst waren. Was habe ich nicht alles dazugelernt!

Danken möchte ich zudem all meinen Fans: Denjenigen, die nach dem ersten Buch „Schöne, unbefleckte Schweiz" schon längst auf eine Fortsetzung warten, aber auch all den Leserinnen und Lesern meiner Kolumnen im Allschwiler Wochenblatt (AWB), deren wohlwollendes Feedback mich stets von neuem anspornte.

 **Béatrice Traxler**

geboren 1949, wohnte während 27 Jahren in Allschwil, heute lebt sie in Schönenbuch (BL). Sie studierte an der Universität Basel Jura. Nach einigen Jahren juristischer Tätigkeiten wendete sie sich dem Bereich Public Relations zu. Während 24 Jahren arbeitete sie in einer gesamtschweizerischen Bank und war als Mitglied der Geschäftsleitung verantwortlich für Kommunikation, Marketing, Produktmanagement und Verkauf. 2011 gründete sie mit ihrem Mann Peter Traxler die Agentur „BPT Kommunikation & Musik" mit dem Ziel, Künstler in der Region zu fördern (www.bpt-kommunikation.ch). Sie ist Autorin der beiden musikalisch-szenischen Aufführungen „Bilder einer Ausstellung" sowie „Mozart & Co". 2014 erschien ihr erstes satirisches Buch „Schöne, unbefleckte Schweiz".

Béatrice Traxler, Marius Buner

Schöne, unbefleckte Schweiz

ISBN: 978-3-03784-060-3
Verlag Johannes Petri
Preis: 24.00 CHF

Daheim ist's am schönsten
Dieses Buch versammelt 18 höchst unterschiedliche, satirische Geschichten, angereichert mit vielen lustigen und schwarzhumorigen Illustrationen. Die Texte versprühen den Charme schweizerischer Feinheiten und Kuriositäten. Von wunderbar bis sonderbar.
So beklagen M32 und M34 in einer tierischen Apokalypse bärenstark den Tod ihres Bruders Balu, der schändlich als Stopfbär geendet hat. Den Bösmenschen wollen sie es heimzahlen und rufen zum «Tiernado» der wilden Tiere auf.
In einem erschütternden Brief wendet sich DAS GELD an alle Bewohnerinnen und Bewohner der Trauminsel Schweiz, mit denen es seit Jahrhunderten eine überaus lebendige Liebesbeziehung unterhält. Auch als die soliden Mauern der Kartenhäuser einstürzen, hält dieses feste Band.
Und ganz im Geiste Winnetous und Old Shatterhands gestaltet sich die Spurensuche nach der Schweizer Vergangenheit, wobei – auf der Basis des Lehrplans 21 – Rütlischwur und Tellschuss zu neuartigem Leben erwachen. Mit offenen Erlebniswelten und Lernlandschaften mag sogar Alte Geschichte Spass machen.